विजय

ऊपर

कामोद्दीपक चित्र

पोर्नोग्राफी पर विजय

अपने अपराध और शर्म से बचो

DARRIN ELFORD

DARRIN ELFORD
PREMIUM BOOKS

अश्लीलता पर विजय: अपने अपराध और शर्म से बचें

ISBN: 978-1-991363-19-0 (पेपरबैक)

कवर छवि सौजन्य से Vecteezy

लेखक के बारे में

वर्षों तक, लेखक पोर्न की लत के जाल में फंसा रहा। जो शुरुआत में तनाव से बचने और दर्दनाक भावनाओं को सुन्न करने का एक तरीका था, वह धीरे-धीरे ऐसी जंजीर बन गया जिसने उसकी पूरी ज़िंदगी जकड़ ली। अपने सबसे अंधकारमय पलों में, उसने खुद को शर्म, अपराधबोध और अकेलेपन के चक्र में कैद पाया, जहाँ हर बार दोबारा फंसने से वह और गहरी निराशा में डूबता चला गया। पोर्न सिर्फ एक आदत नहीं थी – यह उसके समय को निगल रही थी, उसके रिश्तों को बर्बाद कर रही थी, और उसकी आत्म-सम्मान को नष्ट कर रही थी, जिसकी दो असफल शादियाँ इसके विनाशकारी प्रभाव का प्रमाण थीं।

लेकिन निरंतर आत्ममंथन, दर्दनाक ईमानदारी और इस बंधन से मुक्त होने के दृढ़ संकल्प के माध्यम से, उसने बाहर निकलने का रास्ता खोज लिया। कदम दर कदम, उसने अपनी ज़िंदगी वापस हासिल की और इस लड़ाई को जीत लिया। यह आसान नहीं था, और न ही यह तुरंत हुआ, लेकिन समय के साथ, उसने खुद को फिर से उस इंसान के रूप में बनाना शुरू किया जो वह बनने के लिए था। आज, वह उस लत से पूरी तरह मुक्त जीवन जी रहा है जिसने कभी उसे जकड़ रखा था। उसने फिर से उद्देश्य, खुशी और संबंधों को पाया है और अब पूरे जुनून से दूसरों की मदद करना चाहता है ताकि वे भी यही कर सकें।

यह पुस्तक उसकी कहानी है – एक कच्चा, वास्तविक और प्रामाणिक विवरण कि कैसे उसने पोर्न की लत के अंधकार को पीछे छोड़ दिया। अपनी यात्रा के दौरान, उसने न केवल पोर्न से स्वतंत्रता पाई, बल्कि एक सच्ची संतुष्टि से भरपूर जीवन भी खोजा। वह इस बात का जीता-जागता प्रमाण है कि अंधकार चाहे कितना भी गहरा क्यों न हो, उससे बाहर निकलने का रास्ता हमेशा होता है।

यह पुस्तक गहरी संवेदनशीलता से भरी हुई है और उसके व्यक्तिगत संघर्ष तथा पोर्न और हस्तमैथुन पर मिली अंतिम जीत को पूरी ईमानदारी से प्रस्तुत करती है।

सबसे रोमांचक बात यह है कि इस पुस्तक को पढ़कर और अध्यायों में बताए गए व्यावहारिक कदमों को अपनाकर पोर्न पर जीत आपकी भी जन्मसिद्ध अधिकार

बन सकती है। आपका स्वागत है एक पोर्न-मुक्त जीवन में, जहां आप अपराधबोध और शर्म से पूरी तरह मुक्त हो सकते हैं।

आभार व्यक्त करता हूँ / आभार स्वीकारोक्ति

सबसे पहले, मैं आपको धन्यवाद देना चाहता हूँ कि आपने इस पुस्तक को उठाया और अपने जीवन में बदलाव लाने का निर्णय लिया। किसी लत का सामना करने के लिए साहस की आवश्यकता होती है, और इन पन्नों को खोलकर, आपने स्वतंत्रता की ओर पहला कदम पहले ही उठा लिया है।

मैं उन सभी पुरुषों के प्रति अपनी गहरी कृतज्ञता व्यक्त करना चाहता हूँ, जिन्होंने वर्षों से मुझसे अपनी व्यक्तिगत कहानियाँ साझा की हैं। आपकी संवेदनशीलता, दृढ़ता और ईमानदारी मेरे लिए प्रेरणा रही हैं। आपने मुझे लत के वास्तविक दर्द को समझने में मदद की, लेकिन उससे भी अधिक, आपने मुझे परिवर्तन की शक्ति दिखाई। आपकी यात्राएँ ही इस पुस्तक की नींव हैं।

मेरे परिवार और दोस्तों, मैं आपका तहेदिल से धन्यवाद करता हूँ कि आपने हमेशा मेरा साथ दिया। जब मैं संघर्ष कर रहा था, तब भी आपका मुझ पर विश्वास यह याद दिलाता रहा कि बदलाव संभव है। आपके प्रेम और समर्थन के बिना मैं यह पुस्तक नहीं लिख पाता।

उन सभी विशेषज्ञों – थेरेपिस्ट, कोच और मेंटर्स – को भी धन्यवाद, जिन्होंने मेरी यात्रा में मेरा मार्गदर्शन किया। आपकी विशेषज्ञता और करुणा ने मुझे यह समझने में मदद की कि किसी लत से छुटकारा पाना सिर्फ इच्छाशक्ति की बात नहीं है, बल्कि यह उपचार, आत्म-जागरूकता और नए आदतों के निर्माण की प्रक्रिया है।

अंत में, मेरे साथी "छोड़ने वालों," आप मेरे सच्चे नायक हैं। मैं आपके संघर्ष को देखता हूँ, आपकी लड़ाई को समझता हूँ। मैं आपके बदलाव के संकल्प का सम्मान करता हूँ। आप अकेले नहीं हैं, और साथ मिलकर, हम और भी मजबूत हैं।

यह पुस्तक आपको समर्पित है – उस व्यक्ति को जो मुक्त होने, अपनी ज़िंदगी वापस पाने और उस जीवन को अपनाने के लिए तैयार है, जो उसके लिए हमेशा से बना था। मैं आप पर विश्वास करता हूँ और गर्व के साथ आपके साथ इस रास्ते पर चलने को तैयार हूँ4०

विषयसूची

परिचय

अगर आप इस किताब को पकड़े हुए हैं, तो इसका मतलब है कि आप अपने जीवन में एक महत्वपूर्ण मोड़ पर आ गए हैं। शायद आप पोर्न और हस्तमैथुन की गिरफ़्त में फंसकर थक चुके हैं। शायद आपने पहले भी इसे छोड़ने की कोशिश की हो, लेकिन फिर से उन्हीं आदतों में पड़ गए हों। या शायद, आप एक ऐसे बिंदु पर पहुँच गए हैं जहाँ इस चक्र को जारी रखने का दर्द इतना ज़्यादा हो गया है कि उसे नज़रअंदाज़ नहीं किया जा सकता। इस किताब को उठाने का आपका जो भी कारण हो, मैं आपको बताना चाहता हूँ कि आप अकेले नहीं हैं, और सबसे महत्वपूर्ण बात यह है कि बदलाव संभव है।

मुझे पता है क्योंकि मैं भी आपकी तरह ही रहा हूँ। मैं शर्म, हताशा और लाचारी के चक्र में फँसा हुआ हूँ। सालों तक, पोर्न और हस्तमैथुन ने मेरे जीवन पर नियंत्रण रखा, मेरे रिश्तों, मेरे आत्मसम्मान और मेरे भविष्य को प्रभावित किया। मैं खुद को अलग-थलग, खोया हुआ और रोकने में असमर्थ महसूस करता था। लेकिन मैंने एक विकल्प चुना—मुक्त होने का विकल्प। और मैं आपकी भी यही करने में मदद करना चाहता हूँ।

यह किताब शर्म या निर्णय के बारे में नहीं है। यह आपके जीवन को पुनः प्राप्त करने के बारे में है। आगे की यात्रा कठिन लग सकती है, लेकिन यह एक ऐसी यात्रा है जो करने लायक है। इन पन्नों में, आपको पोर्न और हस्तमैथुन को हमेशा के लिए छोड़ने में मदद करने के लिए एक स्पष्ट, चरण-दर-चरण योजना मिलेगी। आप लालसा को प्रबंधित करने, अपने आत्मसम्मान को फिर से बनाने और अपने जीवन को बदलने के लिए व्यावहारिक उपकरण सीखेंगे।

लेकिन यह केवल एक आदत को छोड़ने के बारे में नहीं है। यह आपके जीवन को जमीन से फिर से बनाने के बारे में है - अपने आत्मविश्वास, अपने रिश्तों और अपने उद्देश्य की भावना को बहाल करना। यह वह आदमी बनने के बारे में है जो आप हमेशा से बनना चाहते थे, स्वतंत्रता, ध्यान और संतुष्टि से भरा जीवन जीना।

मैं आपको प्रक्रिया के हर चरण में मार्गदर्शन करने के लिए यहाँ हूँ, सरल, कार्रवाई योग्य चरणों और मेरे अपने सफर और अनगिनत अन्य लोगों की कहानियों से प्राप्त

ज्ञान के साथ जिन्होंने इस लत पर सफलतापूर्वक काबू पाया है। इस दौरान, आप पाएंगे कि पोर्न छोड़ना केवल कुछ हानिकारक चीज़ों को खत्म करने के बारे में नहीं है - यह कुछ और अधिक के लिए जगह बनाने के बारे में है।

यदि आप अपने जीवन पर नियंत्रण रखने और लत की जंजीरों से मुक्त होने के लिए तैयार हैं, तो यह पुस्तक आपको बताएगी कि कैसे। यह आसान नहीं होगा, लेकिन यह इसके लायक होगा। आपके अंदर इस पर काबू पाने की ताकत है, और मैं हर कदम पर आपकी मदद करने के लिए यहाँ हूँ। चलिए शुरू करते हैं।

1

पोर्न की लत का अंधकार

पोर्न की लत और उसके प्रभावों को परिभाषित करना

पोर्न की लत ऐसी चीज़ नहीं है जिसके बारे में हम अक्सर खुलकर बात करते हैं, लेकिन अगर आप इसे पढ़ रहे हैं, तो संभावना है कि यह आपके जीवन को उन तरीकों से नियंत्रित कर रही है जिन्हें आप पूरी तरह से समझ नहीं पा रहे होंगे। पोर्न की लत तब होती है जब कोई व्यक्ति नकारात्मक परिणामों के बावजूद लगातार पोर्नोग्राफ़ी देखता है, और जब वह इसे रोकना चाहता है, तब भी उसे ऐसा नहीं लगता। यह एक ऐसा चक्र है जो समय के साथ और भी शक्तिशाली होता जाता है। मस्तिष्क पोर्न द्वारा प्रदान की जाने वाली तीव्र उत्तेजना की लालसा करने के लिए तैयार हो जाता है, जिससे एक ऐसी मजबूरी पैदा होती है जिसे छोड़ना असंभव लग सकता है।

यह लत सिर्फ़ स्क्रीन पर कुछ देखने तक सीमित नहीं है। यह आपके जीवन के हर हिस्से को प्रभावित करती है–आपके दिमाग, आपकी भावनाओं और यहाँ तक कि आपके शरीर को भी।

· मानसिक स्वास्थ्य

आप जितना ज़्यादा पोर्न देखते हैं, उतना ही आपका मस्तिष्क डोपामाइन के निरंतर प्रवाह के लिए अभ्यस्त हो जाता है–वह रसायन जो आपको आनंद और पुरस्कार की भावना देता है। समय के साथ, आपके मस्तिष्क को वही एहसास पाने के लिए अधिक तीव्र सामग्री की आवश्यकता होती है, जिससे एक असंवेदनशीलता प्रभाव हो सकता है। इससे सामान्य जीवन के अनुभवों का

15

आनंद लेना कठिन हो जाता है। परिवार के साथ समय बिताना या काम पर ध्यान केंद्रित करना जैसी गतिविधियाँ कम संतोषजनक लगने लगती हैं क्योंकि आपका मस्तिष्क पोर्नोग्राफ़ी के चरम स्तरों का आदी हो जाता है। इससे अवसाद, चिंता और प्रेरणा की कमी की भावनाएँ पैदा हो सकती हैं।

· भावनात्मक स्वास्थ्य

पोर्न भावनात्मक सुन्नता पैदा कर सकता है। जैसे-जैसे आप तनाव, ऊब या नकारात्मक भावनाओं से बचने के लिए पोर्न पर अधिक निर्भर होते हैं, आप अपनी सच्ची भावनाओं से अलग होने लगते हैं। यह आपको खालीपन, खोया हुआ या अपने भावनात्मक जीवन से अलग महसूस करा सकता है। आपको ऐसा लग सकता है कि कुछ कमी है, लेकिन आपको नहीं पता कि वह क्या है।

· शारीरिक स्वास्थ्य

पोर्न की लत आपके शरीर को उन तरीकों से प्रभावित कर सकती है, जिनके बारे में आपको शायद पता न हो। "पोर्न-प्रेरित इरेक्टाइल डिसफंक्शन" (PIED) नामक एक घटना है, जिसमें नियमित रूप से पोर्न देखने वाले पुरुष वास्तविक जीवन की यौन स्थितियों में प्रदर्शन के साथ संघर्ष करते हैं। ऐसा इसलिए होता है क्योंकि आपका मस्तिष्क पोर्नोग्राफ़िक छवियों पर प्रतिक्रिया करने के लिए तैयार हो जाता है, जिससे वास्तविक व्यक्ति की उपस्थिति में उत्तेजित होना मुश्किल हो जाता है। इसके अतिरिक्त, बार-बार हस्तमैथुन करने से शारीरिक थकावट हो सकती है, जिससे पूरे दिन आपकी ऊर्जा और ध्यान प्रभावित होता है।

पोर्न की लत आपके जीवन को कैसे प्रभावित करती है

पोर्न शून्य में मौजूद नहीं है। इसका असर सिर्फ़ वीडियो देखने में बिताए गए समय से कहीं ज़्यादा होता है। जितना ज़्यादा आप इस लत को अपने ऊपर हावी होने देंगे, उतना ही यह आपके जीवन के दूसरे अहम पहलुओं को खत्म कर देगा:

· रिश्ते

पॉर्न आपके रिश्तों में दूरियाँ पैदा कर सकता है, खास तौर पर पार्टनर के साथ। जब आप किसी लत में डूबे होते हैं, तो दूसरों के साथ अंतरंगता कम संतोषजनक लगने लगती है। आप खुद को भावनात्मक रूप से कम मौजूद पा सकते हैं या सार्थक तरीके से जुड़ने में असमर्थ हो सकते हैं। कुछ मामलों में, यह भरोसे के मुद्दों या अपनी ज़रूरतों के बारे में खुलकर बात करने में असमर्थता के कारण टूटे हुए रिश्तों को जन्म दे सकता है। यह सेक्स और अंतरंगता के बारे में अवास्तविक उम्मीदों को भी बढ़ावा दे सकता है, जिससे दूसरे व्यक्ति के साथ सही मायने में जुड़ना मुश्किल हो जाता है।

· उत्पादकता और फ़ोकस

अगर आप पोर्न देखने में घंटों बिता रहे हैं, तो आप उन घंटों को उन चीज़ों पर खर्च नहीं कर रहे हैं जो मायने रखती हैं। चाहे वह काम हो, शौक हो या लक्ष्य, पोर्न आपका ध्यान और ऊर्जा चुरा लेता है। यह एक ऐसा विकर्षण बन जाता है जो आपको कम उत्पादक बनाता है और जैसे-जैसे आपका प्रदर्शन गिरता है, आपका आत्मविश्वास भी कम होता जाता है। समय के साथ, यह आपके पेशेवर जीवन में निराशा या असंतोष की भावना पैदा कर सकता है।

· आत्म-सम्मान

जब आप पोर्न के आदी होते हैं, तो आपका आत्म-मूल्य अक्सर शर्म और गोपनीयता के चक्र से बंधा होता है। आप अपनी इच्छाओं को नियंत्रित न कर पाने के कारण खुद से घृणा महसूस कर सकते हैं, जिससे अपर्याप्तता की भावनाएँ पैदा हो सकती हैं। समय के साथ, यह आपके आत्म-सम्मान और आत्मविश्वास को कम करता है, जिससे लत से मुक्त होना और भी मुश्किल हो जाता है। आप खुद की तुलना दूसरों से कर सकते हैं, ऐसा महसूस करते हुए कि आप अकेले संघर्ष कर रहे हैं, जो अकेलेपन की भावना को गहरा करता है।

· जीवन संतुष्टि

आखिरकार, पोर्न की लत जीवन को खोखला महसूस करा सकती है। यह वास्तविक, संतुष्टिदायक अनुभवों को छीन लेती है, उनकी जगह अल्पकालिक संतुष्टि ले लेती है जो कभी संतुष्ट नहीं करती। आप देख सकते हैं कि अपनी लत में लिप्त होने में घंटों बिताने के बावजूद, आप पहले से ज़्यादा खालीपन महसूस करते हैं। यह खालीपन जीवन में बाकी सब चीज़ों–काम, रिश्ते और शौक–को कम सार्थक महसूस कराता है।

पोर्न की लत से जूझ रहे पुरुषों की वास्तविक जीवन की कहानियाँ

पोर्न की लत की शर्म और अलगाव

पोर्न की लत का सबसे मुश्किल हिस्सा शर्म है जो अक्सर इसके साथ होती है। आपको ऐसा लग सकता है कि आप अकेले ही संघर्ष कर रहे हैं। अलग-थलग महसूस करना आसान है, जैसे कि कोई और नहीं समझता कि आप क्या कर रहे हैं। लेकिन यहाँ सच्चाई है: आप अकेले नहीं हैं।

पोर्न गोपनीयता में पनपता है। यह अलगाव को बढ़ावा देता है, आपको यह विश्वास दिलाता है कि आपकी लत कुछ ऐसी है जिसे आपको दुनिया से छिपाने

की ज़रूरत है। जितना अधिक आप इसे अपने तक ही सीमित रखेंगे, शर्म उतनी ही शक्तिशाली होती जाएगी। आपको ऐसा लगने लगता है कि आप टूट चुके हैं, जैसे कोई रास्ता नहीं है। लेकिन जिस क्षण आप इस लत का खुलकर सामना करना शुरू करते हैं, चाहे वह किसी चिकित्सक, सहायता समूह या किसी ऐसे व्यक्ति के साथ हो जिस पर आप भरोसा करते हैं, आप पर इसका प्रभाव कम होने लगता है।

आशा और परिवर्तन: परिवर्तन संभव है

मैं चाहता हूँ कि आप एक बहुत ही महत्वपूर्ण बात समझें: परिवर्तन संभव है। मैं लत के अंधेरे से गुज़रा हूँ, और मैं आपको अनुभव से बता सकता हूँ कि स्वतंत्रता प्राप्त की जा सकती है। यह आसान नहीं होगा, और यह रातों-रात नहीं होगा, लेकिन आपके अंदर अपनी ज़िंदगी को फिर से पाने की ताकत है।

यह किताब सिर्फ़ पोर्न छोड़ने के बारे में नहीं है - यह आपकी ज़िंदगी को बदलने के बारे में है। यह आपके दिमाग, शरीर और भावनाओं को ठीक करने के बारे में है। यह रिश्तों को फिर से बनाने, अपने आत्मसम्मान को बहाल करने और उद्देश्यपूर्ण जीवन खोजने के बारे में है। आशा है, और आप वह जीवन बना सकते हैं जिसके आप हकदार हैं।

पहला कदम यह स्वीकार करना है कि आप कहाँ हैं। अगला कदम यह तय करना है कि आप कुछ बेहतर चाहते हैं। और इसके बाद की यात्रा आपके द्वारा उठाए गए सबसे पुरस्कृत कदमों में से एक होगी। चलिए शुरू करते हैं।

पोर्न की लत से मेरा व्यक्तिगत अंधकार

लेकिन भावनात्मक अंधकार सिर्फ़ लत पर काम करने के क्षणों में ही नहीं था। यह उसके बाद के समय में था। मैंने जो घंटे बर्बाद किए, वो समय जो मुझे

कभी वापस नहीं मिलेगा। मुझे एहसास हुआ कि मेरी ज़िंदगी कितनी तेज़ी से फिसल रही है। स्क्रीन के सामने बिताया गया हर घंटा एक खोया हुआ घंटा था। मैं दुनिया से कटा हुआ महसूस करता था। मेरे रिश्ते तनावपूर्ण थे। मैं वह व्यक्ति नहीं था जो मैं अपने परिवार या अपने दोस्तों के लिए बनना चाहता था। मैं वह साथी नहीं बन पा रहा था जो मुझे बनना चाहिए था। और हर बार जब मैंने उन्हें निराश किया, तो इससे मेरे अपराध बोध का बोझ और बढ़ गया।

एक ऐसा पल था जिसे मैं कभी नहीं भूलूंगा–वह पल जब मैंने नुकसान की पूरी सीमा देखी। मैं फिर से लत में पड़ गया था। मैं वहीं बैठा, खुद को आईने में देख रहा था, और मैं पीछे देख रहे व्यक्ति को पहचान नहीं पाया। मैं थक गया था। मैं टूट गया था। मेरा आत्मसम्मान कुचला हुआ था यह एक ऐसी शक्ति बन गई थी जो मेरे विचारों, मेरे कार्यों और मेरे पूरे जीवन को नियंत्रित करती थी। ऐसा लग रहा था जैसे मैं अपने ही बनाए पिंजरे में फंस गई हूँ। मैं अपनी लत की कैदी थी। और सबसे मुश्किल हिस्सा यह एहसास था कि कोई और मुझे आज़ाद नहीं कर सकता। सिर्फ़ मैं ही ऐसा कर सकती थी। लेकिन अंधेरे के उस पल में, मुझे यकीन ही नहीं था कि मैं ऐसा कर सकती हूँ।

तभी मैं अपने टूटने के बिंदु पर पहुँच गया। जब मैं शर्म, पछतावे और निराशा से घिरा हुआ था। ऐसा लगा कि मेरा जीवन फिसल रहा है, और मेरे पास देने के लिए कुछ भी नहीं बचा है। लेकिन सबसे गहरे अंधेरे में भी, मुझे कुछ एहसास होने लगा: मैं आज़ाद होने का विकल्प चुन सकता था। मुझे अटके रहने की ज़रूरत नहीं थी। लत मेरी पहचान बन गई थी, लेकिन इसे हमेशा के लिए मुझे परिभाषित करने की ज़रूरत नहीं थी।

मैं नहीं चाहता कि आप मेरे लिए दुखी हों। मैं यह आपको यह दिखाने के लिए साझा कर रहा हूँ कि अंधेरा कितना गहरा हो सकता है, और इसका सामना करना इतना महत्वपूर्ण क्यों है। मैं इतने लंबे समय से छाया में रह रहा था, और मुझे पता है कि इससे बाहर निकलने का रास्ता सोचना कितना मुश्किल है। लेकिन अगर आप अभी उस अंधेरे में हैं, तो मैं चाहता हूँ कि आप यह जान लें

कि ऐसा होना ज़रूरी नहीं है। आगे की यात्रा आसान नहीं होगी, लेकिन फिर से प्रकाश पाना संभव है। और पहला कदम आपसे शुरू होता है।

मेरे लिए, वह पहला कदम यह स्वीकार करना था कि मैं लत से कहीं बढ़कर हूँ। यह एहसास था कि मेरे लिए एक जीवन इंतज़ार कर रहा था, एक ऐसा जीवन जो पोर्न की जंजीरों से बंधा न हो। और एक बार जब मैंने यह निर्णय लिया, तो मैं उस स्वतंत्रता की ओर बढ़ने लगा। यह रातों-रात बदलाव नहीं था, लेकिन यह एक बदलाव था। एक बार में एक निर्णय।

तो, अगर आप इसे पढ़ रहे हैं और आपको लगता है कि आप उसी अंधेरे स्थान पर हैं, तो जान लें कि आप अकेले नहीं हैं। मैं वहां से गुज़रा हूं, और मैं इससे बाहर निकल आया हूं। आप भी ऐसा कर सकते हैं। यह आसान नहीं है, लेकिन यह इसके लायक है। पहला कदम यह महसूस करना है कि आगे बढ़ने का एक रास्ता है - अंधेरे से होकर, प्रकाश की ओर।

कार्रवाई: अपनी पोर्न की लत को पहचानें

इससे पहले कि आप किसी चीज़ से मुक्त हो सकें, आपको सबसे पहले अपने जीवन पर इसकी पकड़ को पूरी तरह से समझना होगा। यह अपने बारे में बुरा महसूस करने या शर्म में डूबने के बारे में नहीं है। यह इस बारे में है कि आप अभी कहाँ हैं, इसके बारे में ईमानदार रहें। अपने जीवन को पुनः प्राप्त करने का पहला कदम यह पहचानना है कि पोर्न और हस्तमैथुन ने आपको और आपके जीवन के किन क्षेत्रों को प्रभावित किया है।

इस बात पर विचार करने के लिए कुछ समय निकालें कि आप कितनी बार पोर्न देखते हैं, आप इसे कितने समय से इस्तेमाल कर रहे हैं, और आपने इसे खुद से क्या छीनने दिया है। शायद यह काम पर आपका ध्यान केंद्रित करने या वास्तविक रिश्तों में शामिल होने की आपकी ऊर्जा है। शायद यह रोजमर्रा

की चीजों में खुशी का अनुभव करने की आपकी क्षमता है, या मन की शांति जो आपके पास कभी थी, लेकिन रास्ते में खो गई।

पोर्न सिर्फ़ एक अलग आदत नहीं है। यह एक लत है जो आपके जीवन के हर कोने में घुस सकती है। यह कुछ ऐसा है जो समय के साथ आपके आत्मसम्मान को खत्म कर सकता है, आपके रिश्तों को नुकसान पहुंचा सकता है, और आपको शर्म और गोपनीयता के चक्र में फंसा हुआ महसूस करा सकता है। यह एक आकस्मिक पलायन, समय बिताने या तनाव से निपटने के तरीके के रूप में शुरू हुआ हो सकता है। लेकिन अब, यह एक शक्तिशाली शक्ति बन गई है, जो आपको शक्तिहीन महसूस कराती है।

इस अध्याय में, मैं चाहता हूँ कि आप उन तरीकों को स्वीकार करें जिनसे पोर्न और हस्तमैथुन आपको नियंत्रित कर रहे हैं। खुद से पूछें: इस लत ने मेरे मानसिक और भावनात्मक स्वास्थ्य को कैसे प्रभावित किया है? इसने मेरे रिश्तों को कैसे प्रभावित किया है? मेरे लक्ष्यों को? मेरे आत्म-मूल्य को? इसके बारे में सोचना असहज हो सकता है, लेकिन यह प्रक्रिया का एक महत्वपूर्ण हिस्सा है।

इस बात की सच्चाई का सामना करना ज़रूरी है कि इस लत ने आपके जीवन में कितनी गहराई से जड़ें जमा ली हैं। और जबकि यह पहली बार में भारी लग सकता है, यह सशक्त भी बनाता है। जिस क्षण आप वास्तव में इस लत के अपने ऊपर पड़ने वाले प्रभाव को देखते हैं, वह क्षण वह होता है जब आप फिर से नियंत्रण करना शुरू कर सकते हैं। पोर्न और हस्तमैथुन ने आपके जीवन पर जो पकड़ बनाई है, उसे स्वीकार करने का मतलब यह नहीं है कि आप फंस गए हैं। इसका मतलब है कि आप बदलाव करने के लिए तैयार हैं। यह आज़ादी की ओर यात्रा का पहला कदम है। और एक बार जब आप पहचान लेंगे कि आप कहाँ हैं, तो आप उस दिशा में अगले कदम उठाने के लिए तैयार होंगे जहाँ आप पहुँचना चाहते हैं।

यह पूर्णता के बारे में नहीं है। यह प्रगति के बारे में है। स्थिति की वास्तविकता को पहचानकर, आप खुद को आगे बढ़ने के लिए आवश्यक स्पष्टता दे रहे हैं। आप

अपने जीवन को पुनः प्राप्त करने की यात्रा शुरू कर रहे हैं - और यह यात्रा आपसे, यहीं, अभी से शुरू होती है।

2

आपको पोर्न देखना बंद करना होगा

पोर्न की लत की छुपी हुई कीमत

जब हम पोर्न के इस्तेमाल के परिणामों के बारे में सोचते हैं, तो तत्काल प्रभावों पर ध्यान केंद्रित करना आसान होता है: देखने में बिताया गया समय, शारीरिक क्रियाएँ, या उसके बाद शर्म की भावना। लेकिन पोर्न की लत की असली कीमत बहुत गहरी होती है। एक व्यक्ति पर इसका मानसिक और भावनात्मक असर स्क्रीन से कहीं ज़्यादा दूर तक रह सकता है। अगर आप इस लत से जूझ रहे हैं, तो आपने शायद इनमें से कुछ प्रभावों को खुद महसूस किया होगा, भले ही उन्हें स्वीकार करना मुश्किल हो। और यह केवल स्पष्ट समस्याओं के बारे में नहीं है - यह अदृश्य समस्याएँ हैं जो सबसे ज़्यादा दुख देती हैं। लगातार पोर्न के इस्तेमाल के सबसे बड़े भावनात्मक परिणामों में से एक है सुन्नता। समय के साथ, पोर्न देखना और हस्तमैथुन करना आपकी भावनाओं से जुड़ने की क्षमता को कम कर सकता है। आप अपने आस-पास के लोगों से भावनात्मक रूप से दूर महसूस कर सकते हैं, यहाँ तक कि उन लोगों से भी जिनकी आप परवाह करते हैं। आप जीवन में उसी आनंद या संतुष्टि का अनुभव करना बंद कर देते हैं क्योंकि आपका मस्तिष्क लगातार अगले हाई, डोपामाइन की अगली भीड़ का पीछा करता रहता है। स्क्रीन के बाहर की दुनिया कम रोमांचक, कम सार्थक लगने लगती है। आप यह भी मानने लग सकते हैं कि आपके रिश्ते, आपका काम या आपके सपने उतने पूरे नहीं हैं जितने होने चाहिए।

फिर मानसिक थकावट होती है। पोर्न देखने की लगातार इच्छा आपके ध्यान और स्पष्ट रूप से सोचने की क्षमता पर असर डालती है। आप खुद को विचलित पा सकते हैं, अपने लक्ष्यों या जिम्मेदारियों पर ध्यान केंद्रित करने में

असमर्थ। आपकी उत्पादकता प्रभावित होती है, और आपको ऐसा लग सकता है कि आप बिना किसी दिशा के जीवन में बह रहे हैं। हर बार जब आप देखने की इच्छा के आगे झुकते हैं, तो आप उन चीज़ों पर ध्यान केंद्रित करने की अपनी क्षमता को कमज़ोर कर देते हैं जो वास्तव में मायने रखती हैं। भागने और विचलित होने का यह चक्र आपको एक ऐसे चक्र में फँसा देता है जिसे तोड़ना मुश्किल है। पोर्न आपके आत्मसम्मान को भी प्रभावित करता है। इसके साथ आने वाली शर्म कुचलने वाली हो सकती है। आपको ऐसा लग सकता है कि आप अपनी क्षमता के अनुसार नहीं जी रहे हैं, कि आप इसे छोड़ नहीं पाने के कारण कमज़ोर हैं। जितनी देर तक लत जारी रहती है, आप अपने बारे में उतना ही बुरा महसूस करते हैं। यह अपराधबोध, निराशा और यहाँ तक कि आत्म-घृणा की भावनाओं को जन्म दे सकता है। आप खुद की तुलना उन लोगों से कर सकते हैं जो अपनी ज़िंदगी में कामयाब हैं, जबकि आपको लगता है कि आप उनसे पीछे हैं। यह एक खतरनाक स्थिति है, क्योंकि यह बदलाव के विचार को असंभव बना देता है।

अपने जीवन पर विचारः खोया हुआ समय, छूटे हुए अवसर और टूटे हुए रिश्ते

जब मैं पोर्न के साथ अपने सफ़र पर पीछे मुड़कर देखता हूँ, तो मुझे सबसे ज़्यादा चोट उन चीज़ों में से एक से लगती है जो खोया हुआ समय है। वह समय जो मैं बढ़ने, रिश्ते बनाने या अपने सपनों को पूरा करने में लगा सकता था। इसके बजाय, मैंने घंटों अकेलेपन में बिताए, एक ऐसी लत को बढ़ावा दिया जो मेरी ज़िंदगी को छीन रही थी। यह सिर्फ़ पोर्न देखने में बर्बाद किए गए घंटे नहीं थे - यह वह समय था जो मैंने अपने दोस्तों, अपने परिवार या उन चीज़ों के साथ नहीं बिताया जो मेरे लिए मायने रखती थीं। मैंने एक व्यक्ति के रूप में विकसित होने और उन कौशलों को विकसित करने के अवसरों को खो दिया जो मुझे अपने लक्ष्यों को प्राप्त करने में मदद करते।

अपने जीवन के बारे में सोचें। आपने इस लत के कारण कितना समय खो दिया है? शर्म और भागने के चक्र में फंसकर आपने कितने पलों को हाथ से जाने दिया? स्क्रीन के सामने बिताया गया हर घंटा एक ऐसा घंटा है जिसका इस्तेमाल आप अपनी मनचाही ज़िंदगी बनाने में कर सकते थे। आपने जो अवसर खो दिए हैं, जिन सपनों को आपने किनारे कर दिया है और जिन संभावनाओं को आपने इस्तेमाल नहीं किया है, उन्हें गिनना मुश्किल है।

और आपके रिश्तों के बारे में क्या? अगर आप इस लत से जूझ रहे कई पुरुषों की तरह हैं, तो पोर्न ने आपके और उन लोगों के बीच दूरी पैदा कर दी है, जिनकी आप परवाह करते हैं। हो सकता है कि यह आपका साथी हो, जिसे आपने भावनात्मक रूप से अनुपलब्ध या डिस्कनेक्ट होने के कारण दूर कर दिया हो। हो सकता है कि यह आपके दोस्त हों, जिन्हें आपने अनदेखा कर दिया हो क्योंकि आप अपनी लत के आराम में छिपना पसंद करते हैं। पोर्न अकेलेपन को बढ़ावा देता है। यह आपको विश्वास दिलाता है कि आपको केवल स्क्रीन के साथ वास्तविक कनेक्शन की आवश्यकता है, और यह आपको विश्वास दिलाता है कि आपको किसी और की आवश्यकता नहीं है। लेकिन यह झूठ है। सच तो यह है कि वास्तविक कनेक्शन हमारे जीवन में सबसे महत्वपूर्ण चीजों में से एक है - और पोर्न आपको उससे वंचित करता है। जब आप अपने जीवन पर विचार करते हैं, तो इन खोए हुए पलों के बारे में सोचना महत्वपूर्ण है। समय, अवसर और रिश्ते जो आपकी लत से प्रभावित हुए हैं। यह प्रतिबिंब आपको दोषी महसूस कराने के लिए नहीं है - इसका उद्देश्य आपको जो हो रहा है उसकी वास्तविकता से अवगत कराना है। आप इससे अधिक के हकदार हैं। आप अर्थ, कनेक्शन और उद्देश्य से भरी ज़िंदगी के हकदार हैं।

ब्रेकिंग पॉइंट - स्पष्टता का क्षण

किसी न किसी समय, पोर्न की लत से जूझने वाले ज़्यादातर पुरुष टूटने की कगार पर पहुँच जाते हैं। यह वह क्षण होता है जब एक ही रास्ते पर चलते रहने

का दर्द असहनीय हो जाता है। कुछ लोगों के लिए, यह एहसास होता है कि वे अपने साथी, अपने करियर या अपने आत्म-सम्मान को खो रहे हैं। दूसरों के लिए, यह वह क्षण होता है जब वे आईने में देखते हैं और किसी ऐसे व्यक्ति को देखते हैं जिसे वे पहचान नहीं पाते। मेरे लिए वह क्षण था।

मुझे इस वास्तविकता का सामना करना पड़ा कि अगर मैंने बदलाव नहीं किया, तो मैं वह सब कुछ खो दूँगा जो मायने रखता है। मैं ऐसा व्यक्ति नहीं बनना चाहता था जो अपने जीवन को पछतावे के साथ देखता हो, यह सोचते हुए कि क्या हो सकता था। मैं अब अपनी लत का गुलाम नहीं बनना चाहता था।

स्पष्टता का यह क्षण हर किसी के लिए अलग होता है, लेकिन यह हमेशा एक चेतावनी होती है। यह तब होता है जब आप अंततः खुद को स्वीकार करते हैं कि आप फंस गए हैं, और आप जो प्यार करते हैं उसे खोए बिना इस रास्ते पर चलते नहीं रह सकते।

यह महसूस करना दर्दनाक है कि आप कितनी दूर गिर गए हैं, लेकिन यह सशक्त भी बनाता है। यह वह क्षण है जब आप तय करते हैं कि अब बहुत हो गया। यह वह क्षण है जब आप कहते हैं, "मैं इसे अब और अपने ऊपर हावी नहीं होने दूंगा। मैं इसे अब और अपने से दूर नहीं जाने दूंगा।"

निर्णय लेने की शक्ति – पहला कदम उठाना

यहीं पर निर्णय लेने की शक्ति काम आती है। छोड़ने का निर्णय लेना स्थायी परिवर्तन की ओर पहला और सबसे महत्वपूर्ण कदम है। यह परिपूर्ण होने के बारे में नहीं है - यह आपके जीवन पर नियंत्रण करने का चुनाव करने के बारे में है। जब आप कोई दृढ़ निर्णय लेते हैं, तो आप खुद से कह रहे होते हैं कि आप इस लत से कहीं ज़्यादा मूल्यवान हैं। आप अतीत की बजाय भविष्य को चुन रहे होते हैं।

पोर्न छोड़ने का आपका निर्णय उसके बाद आने वाली हर चीज़ की नींव है। उस निर्णय के बिना, कुछ भी नहीं बदलेगा। लेकिन इसके साथ, आप परिवर्तन के लिए जगह बनाते हैं। हर यात्रा एक कदम से शुरू होती है, और वह कदम बदलाव का आपका निर्णय है।

एक मजबूत "क्यों" का निर्माण करना - छोड़ने के लिए आपकी प्रेरणा

लेकिन छोड़ने का फैसला करना केवल शुरुआत है। वास्तव में स्थायी परिवर्तन करने के लिए, आपके पास एक मजबूत "क्यों" होना चाहिए - एक गहरी प्रेरणा जो आपको मुश्किल समय में आगे बढ़ने में मदद करेगी। आपका "क्यों" ही वह कारण है जिसके कारण आप सबसे पहले पोर्न देखना छोड़ना चाहते हैं। यह वह ईंधन है जो आपको मुश्किल क्षणों से बाहर निकालता है और आपको अपने लक्ष्य पर केंद्रित रखता है।

कुछ लोगों के लिए, "क्यों" परिवार है। आप इस बात से थक चुके होंगे कि आपकी लत ने आपके साथी या बच्चों के साथ आपके रिश्ते को कैसे प्रभावित किया है। आप उनके साथ मौजूद रहना चाहते हैं, भावनात्मक रूप से उपलब्ध रहना चाहते हैं और उनसे जुड़े रहना चाहते हैं। आप एक स्वस्थ, प्रेमपूर्ण संबंध बनाना चाहते हैं और आप जानते हैं कि पोर्न देखना छोड़ना ऐसा करने की कुंजी है।

दूसरों के लिए, यह आत्म-सम्मान के बारे में हो सकता है। आप इस लत के साथ आने वाले अपराधबोध और शर्म से थक चुके हैं। आप अपने बारे में फिर से अच्छा महसूस करना चाहते हैं। आप अपना आत्मविश्वास बहाल करना चाहते हैं और ईमानदारी से जीना चाहते हैं।

शायद आपका "क्यों" आध्यात्मिक विकास के बारे में हो। यदि आपका विश्वास या व्यक्तिगत विश्वास आपके लिए महत्वपूर्ण हैं, तो पोर्न देखना छोड़ना आपके उच्च स्व या आपके मूल्यों के साथ फिर से जुड़ने के बारे में हो सकता है। यह

एक ऐसा जीवन जीने के बारे में है जो आपके वास्तविक व्यक्तित्व से मेल खाता हो, न कि उस व्यक्ति से जिसे लत ने आपको बना दिया है।

आपका "क्यों" जो भी हो, यह मजबूत और व्यक्तिगत होना चाहिए। आपका "क्यों" आपको उस समय आगे बढ़ने की ताकत देगा जब रास्ता कठिन हो जाएगा। यह आपको याद दिलाएगा कि यह सब क्यों इसके लायक है।

निष्कर्ष: यात्रा आपसे शुरू होती है

पोर्न देखने से दूर रहने का फैसला सिर्फ़ एक आदत को खत्म करने के बारे में नहीं है - यह आपके जीवन पर नियंत्रण वापस पाने के बारे में है। यह आपके लिए, आपके रिश्तों और आपकी भलाई के लिए एक बेहतर भविष्य में निवेश करने का विकल्प बनाने के बारे में है। आपके पास बदलाव करने की शक्ति है। सवाल यह है कि क्या आप पहला कदम उठाने के लिए तैयार हैं? यात्रा अभी शुरू होती है।

पोर्न छोड़ने की मेरी व्यक्तिगत प्रेरणा

एक समय था जब पोर्न मुझे भागने जैसा लगता था। यह सेक्स या आनंद के बारे में नहीं था - यह दर्द, तनाव और खालीपन को सुन्न करने के बारे में था जो मैं अंदर महसूस करता था। लेकिन जितना अधिक मैंने इसका इस्तेमाल किया, मैं उतना ही अंधेरे में डूबता गया। मुझे जो भागने जैसा लगा, उसने मुझे अकेलेपन, अपराधबोध और शर्म की दुनिया में और भी आगे धकेल दिया। मैं झूठ जी रहा था, और सबसे मुश्किल बात यह थी कि मुझे कोई रास्ता नहीं दिख रहा था।

लेकिन मेरे अंदर कुछ ऐसा था जो जानता था कि मुझे बदलना होगा। मैं इस रास्ते पर आगे नहीं बढ़ सकता था। मेरे जीवन की वास्तविकता मेरे अंदर

उतरने लगी, और यह दर्दनाक था। मैंने मलबे को देखा - जिन रिश्तों को मैंने नज़रअंदाज़ किया था, जो समय मैंने बर्बाद किया था, जो अवसर मैंने गंवाए थे - और मुझे एहसास हुआ कि मैं खुद को खो रहा था। मैं उस आदमी को खो रहा था जो मैं बनना चाहता था।

सच्चाई ने मुझे पेट में घूंसा माराः पोर्न मेरी ज़िंदगी चुरा रहा था। यह सिर्फ़ मुझे मिलने वाली तात्कालिक राहत के बारे में नहीं था। यह दीर्घकालिक परिणामों के बारे में था। मैं उन लोगों के साथ मौजूद नहीं था जिन्हें मैं प्यार करता था। मैं अपने लिए या अपने भविष्य के लिए कुछ नहीं कर रहा था। जितना ज़्यादा मैं पोर्न की ओर मुड़ा, उतना ही मैं अपने लक्ष्यों, अपने मूल्यों और अपने इच्छित जीवन से दूर होता गया। हर बार जब मैं फिर से लत में पड़ जाता, तो मुझे लगता कि मैं न सिर्फ़ अपने रिश्तों के साथ विश्वासघात कर रहा हूँ, बल्कि अपने आत्म-सम्मान की भावना के साथ भी विश्वासघात कर रहा हूँ।

लेकिन यह सबसे बुरा हिस्सा नहीं था। सबसे बुरा हिस्सा था भावनात्मक रूप से टूटना। मुझे खुद पर शर्म आ रही थी, और मैं आईने में भी नहीं देख पा रहा था। मैं नीचे गिर रहा था, लेकिन मुझे नहीं पता था कि कैसे रुकना है। मैं खाली और खोया हुआ महसूस कर रहा था, और मुझे नहीं पता था कि कहाँ मुड़ना है। मैं इस तरह से नहीं जी सकता था, यह दिखावा करते हुए कि सब कुछ ठीक है, जबकि अंदर से मुझे पता था कि सब कुछ ठीक नहीं है।

मुझे छोड़ने का एक कारण खोजना था। एक ऐसा कारण जो इतना मज़बूत हो कि मैं उसे अनदेखा न कर सकूँ। यह सिर्फ़ सतही मुद्दों के बारे में नहीं हो सकता था। यह गहरी, दिल से निकली प्रेरणा से आना था।

मेरे लिए, वह कारण यह एहसास था कि मैं अपने आस-पास के लोगों को कितना दुख पहुँचा रहा था - खासकर वे जो मुझे सबसे ज़्यादा प्यार करते थे। मैंने देखा कि यह मेरे रिश्तों पर कितना बुरा असर डाल रहा था। मेरा साथी भावनात्मक रूप से दूर और विचलित रहने वाले व्यक्ति से ज़्यादा का हकदार था। मेरे दोस्तों को कोई ऐसा चाहिए था जो उनके लिए आए, न कि कोई ऐसा जो अपनी लत में फँस जाने के कारण बाहर निकल जाए। और, सबसे

महत्वपूर्ण बात, मैं पोर्न की बेड़ियों में जकड़ी ज़िंदगी जीने से बेहतर का हकदार था।

लेकिन उससे भी ज़्यादा, मुझे एक महत्वपूर्ण बात का एहसास हुआ: मेरा एक उद्देश्य था। गहराई से, मैं जानता था कि मुझे इस तरह से नहीं जीना था। मैं स्क्रीन का गुलाम नहीं बनना चाहता था। मैं वास्तविक, स्थायी संतुष्टि की कीमत पर अस्थायी सुख का पीछा करते हुए अपना जीवन बर्बाद नहीं करना चाहता था। मेरे पास सपने, महत्वाकांक्षाएँ और एक भविष्य था जिसे मैं बर्बाद कर रहा था। मैं उस अंधेरे, खाली जगह से कहीं ज़्यादा मूल्यवान था जिसमें पोर्न ने मुझे फँसा दिया था।

वह मेरा टर्निंग पॉइंट था। मैं पोर्न को अब और खुद को परिभाषित नहीं करने दे सकता था। मैं इसे खुद को वह आदमी बनने से नहीं रोक सकता था जो मैं बनना चाहता था। वह व्यक्ति जो अपने परिवार के लिए मौजूद रहता है, जो अपने लक्ष्यों के लिए ईमानदारी से काम करता है, जो खुद से इतना प्यार करता है कि वह उन चीज़ों से मुक्त हो जाता है जो उसे पीछे खींचती हैं।

यह आसान नहीं था। और यह तुरंत नहीं हुआ। लेकिन हर दिन, मैं इस अहसास के साथ जागता था कि मैं बदल सकता हूँ। मैं अपनी कहानी फिर से लिख सकता हूँ। इसमें समय, प्रयास और खुद के साथ बहुत दर्दनाक ईमानदारी लगेगी, लेकिन मैं यह करने के लिए तैयार था। मुझे यह करना ही था - अपने भविष्य के लिए, अपने रिश्तों के लिए, और उस आदमी के लिए जो मैं बनना चाहता था।

मुझे याद है कि मैं इस बात से अभिभूत था कि मुझे कितना कुछ ठीक करना था। शर्म, अपराधबोध, आत्म-घृणा - मुझे इन सब से निपटना था। लेकिन मैं खुद को याद दिलाता रहा: यह अंत नहीं था। यह तो बस शुरुआत थी। मुझे अंधेरे का सामना करने, उसकी आँखों में सीधे देखने और यह कहने का फैसला करना था, "मैं कर चुका हूँ। मैं आज़ाद होने के लिए तैयार हूँ।"

जब आप नशे की लत के चक्र में फंस जाते हैं तो निराश महसूस करना आसान होता है। लेकिन अगर आप इसे पढ़ रहे हैं और आपको लगता है कि आप फंस

गए हैं, तो मैं आपको कुछ बताना चाहता हूँ: आप इससे मुक्त हो सकते हैं। मैंने किया। और अगर मैं कर सकता हूँ, तो आप भी कर सकते हैं। पोर्न छोड़ने का कारण इस बात की गहरी समझ से आना चाहिए कि इससे आपको क्या नुकसान हो रहा है। यह सिर्फ़ शर्मिंदगी से बचने के बारे में नहीं है - यह इस बात को समझने के बारे में है कि आप क्या खो रहे हैं। अपना समय। अपने कनेक्शन। अपनी क्षमता। और सबसे महत्वपूर्ण बात, आपकी मानसिक शांति। जब मैंने आखिरकार छोड़ने का फैसला किया, तो मैंने सिर्फ़ पोर्न देखना बंद नहीं किया। मैंने अपने जीवन को फिर से हासिल करना शुरू कर दिया। मैंने उन रिश्तों को फिर से बनाना शुरू कर दिया जिन्हें मैंने नज़रअंदाज़ कर दिया था। मैंने उन चीज़ों पर ध्यान केंद्रित करना शुरू कर दिया जो मुझे खुशी, संतुष्टि और वास्तविक जुड़ाव देती थीं। मैंने अपने आत्म-मूल्य पर काम किया और अपनी लत को यह तय करने देना बंद कर दिया कि मैं कौन हूँ। मैंने पाया कि मेरी आज़ादी सिर्फ़ पोर्न छोड़ने के बारे में नहीं थी - यह उस जीवन को अपनाने के बारे में थी जिसे मुझे जीना था। यह कठिन है। यह दर्दनाक है। लेकिन मैं आपसे वादा करता हूँ, दूसरी तरफ़ की आज़ादी इसके लायक है। आप अपना जीवन वापस पा सकते हैं। आप घावों को भर सकते हैं। और आप एक ऐसा भविष्य फिर से बना सकते हैं जो आपने कभी सोचा भी नहीं होगा। लेकिन इसकी शुरुआत एक विकल्प से होती है: अपनी लत की वास्तविकता को देखना और कहना, "मैं इसे छोड़ने के लिए तैयार हूँ।" और फिर, हर एक दिन, उस विकल्प को वास्तविकता बनाने की दिशा में कदम उठाएँ।

कार्रवाई: पोर्न से बचने की अपनी ज़रूरत का आकलन करें

जब मैं अपनी लत में डूबा हुआ था, तो मैं भविष्य के बारे में ज़्यादा नहीं सोचता था। मैंने खुद से कहा कि मैं कभी भी इसे छोड़ सकता हूँ, यह कोई बड़ी बात नहीं है। लेकिन जैसे-जैसे समय बीतता गया, मुझे एक महत्वपूर्ण बात का

एहसास होने लगा: जितना ज़्यादा मैं बदलाव के लिए वास्तविक प्रतिबद्धता बनाने में देरी करूँगा, चीज़ें उतनी ही खराब होती जाएँगी।

मैं ईमानदारी से कहूँगा, लंबे समय तक, मैं छोड़ने के लिए प्रतिबद्ध होने के लिए तैयार नहीं था। मैं शुरू करता और रुक जाता, खुद से कहता कि मैं हमेशा के लिए छोड़ दूँगा, और फिर पुरानी आदतों में वापस चला जाता। लेकिन उस चक्र ने मुझे अटकाए रखा, और जब तक मैं वास्तव में बदलाव करने की ज़रूरत को नहीं समझ पाया, तब तक मुझे वास्तविक प्रगति नहीं दिखी। पोर्न सिर्फ़ मेरा समय ही नहीं चुरा रहा था - यह मेरी ज़िंदगी भी चुरा रहा था।

आप भी अभी ऐसा ही महसूस कर रहे होंगे। हो सकता है कि आपने पहले भी छोड़ने की कोशिश की हो और असफल रहे हों। हो सकता है कि आपने खुद से कहा हो कि आप इसे कल या अगले हफ़्ते करेंगे। लेकिन बात यह है: अगर आप अभी पोर्न छोड़ने के लिए प्रतिबद्ध नहीं होते, तो कुछ भी नहीं बदलेगा। समस्या वास्तविक है, और यह केवल बदतर होती जा रही है। यह ऐसी चीज़ नहीं है जिसे आप टालते रहें। यदि आप आज प्रतिबद्धता नहीं जताते हैं, तो आप उस रास्ते पर चलते रहेंगे जो आपको और अधिक दर्द, अधिक समय और अधिक छूटे हुए अवसरों की ओर ले जाएगा। छोड़ने की तात्कालिकता को समझना कार्रवाई करने की दिशा में पहला कदम है। अब समय आ गया है कि आप "सही क्षण" का इंतज़ार करना बंद करें और अपनी स्थिति की वास्तविकता का सामना करें। बदलाव आसान नहीं है, लेकिन यह संभव है। और जितनी जल्दी आप प्रतिबद्धता जताते हैं, उतनी ही जल्दी आप अपने जीवन को फिर से बनाना शुरू कर सकते हैं।

प्रतिबद्धता की शक्ति

छोड़ने के लिए प्रतिबद्ध होना सिर्फ़ एक बुरी आदत को छोड़ने के बारे में नहीं है - यह एक बेहतर जीवन जीने का विकल्प चुनने के बारे में है। यह नियंत्रण लेने, अपने स्वास्थ्य, अपने रिश्तों और अपने भविष्य के लिए खड़े होने का निर्णय लेने के बारे में है। जब आप प्रतिबद्ध होते हैं, तो आप कह रहे होते हैं

कि आप पोर्न द्वारा प्रदान किए जाने वाले क्षणिक आनंद से ज़्यादा खुद को और अपनी भलाई को महत्व देते हैं। मैं चाहता हूँ कि आप कल्पना करें कि एक बार जब आप मुक्त हो जाएँगे तो जीवन कैसा दिखेगा। खुद को शर्म, अकेलेपन, अपराधबोध से मुक्त देखें। सोचें कि किसी ऐसी चीज़ से नियंत्रित न होना कितना अच्छा लगेगा जिसका कोई वास्तविक मूल्य नहीं है। बेहतर जीवन की यह दृष्टि ही आपको आगे ले जाएगी। छोड़ने की आपकी प्रतिबद्धता आपकी नींव बन जाती है - वह ठोस ज़मीन जिस पर बाकी सब कुछ बनाया जाता है।

आप नौकरी क्यों छोड़ना चाहते हैं – इसे लिख लें

एक मजबूत प्रतिबद्धता बनाने के लिए, यह स्पष्ट कारण होना ज़रूरी है कि आप ऐसा क्यों कर रहे हैं। ठोस "क्यों" के बिना, जब चीज़ें मुश्किल होती हैं तो प्रेरणा खोना आसान होता है। इसलिए, मैं चाहता हूँ कि आप एक पल लें और पोर्न छोड़ने के अपने कारणों को लिखें। अपने आप से ईमानदार रहें, और गहराई से सोचें। इस बारे में सोचें कि इस लत ने आपके जीवन को कैसे प्रभावित किया है और इसे छोड़ने से आपको क्या हासिल होगा। यहाँ कुछ सामान्य कारण दिए गए हैं, जिनके कारण पुरुष पोर्न छोड़ने का फ़ैसला करते हैं:

· रिश्तों को फिर से बहाल करना:

पोर्न आपके साथी, दोस्तों और परिवार के साथ आपके रिश्तों पर दबाव डाल सकता है। आप भावनात्मक रूप से उन लोगों से दूर या अलग-थलग महसूस कर सकते हैं जिनकी आप परवाह करते हैं। इसे छोड़ने से, आप विश्वास को फिर से बनाना शुरू कर सकते हैं और गहरे स्तर पर फिर से जुड़ सकते हैं।

· आत्म-सम्मान में सुधार:

पोर्न आपको शर्मिंदा और अयोग्य महसूस करा सकता है। यह आपके आत्मविश्वास को खत्म कर सकता है और आपको यह विश्वास दिला सकता है कि आप अपने वास्तविक से कम हैं। पोर्न छोड़ने से आपका आत्म-सम्मान बहाल हो सकता है और आप खुद को बदलाव और विकास करने में सक्षम व्यक्ति के रूप में देख सकते हैं। • समय और ध्यान वापस पाना:

पोर्न पर बिताया गया हर घंटा वह समय है जिसे आप किसी और सार्थक काम के लिए इस्तेमाल कर सकते हैं। चाहे वह आपका करियर हो, शौक हो या व्यक्तिगत लक्ष्य, पोर्न छोड़ने से आपको उन चीज़ों पर ध्यान केंद्रित करने की आज़ादी मिलती है जो आपके लिए सबसे ज़्यादा मायने रखती हैं।

शारीरिक और मानसिक स्वास्थ्य:

पोर्न की लत को इरेक्टाइल डिस्फंक्शन, डिप्रेशन और चिंता जैसी समस्याओं से जोड़ा गया है। पोर्न छोड़ने से आपके मानसिक और शारीरिक स्वास्थ्य में सुधार हो सकता है, जिससे आप ज़्यादा ऊर्जावान, केंद्रित और भावनात्मक रूप से संतुलित महसूस कर सकते हैं।

• ईमानदारी से जीवन जीना:

अगर आप पोर्न देखने के अपने अनुभव के बारे में खुद से या दूसरों से झूठ बोल रहे हैं, तो इसे छोड़ने से आपको अपने कामों को अपने मूल्यों के साथ जोड़ने में मदद मिल सकती है। यह ईमानदारी और ईमानदारी के साथ जीने के बारे में है, उन रहस्यों से मुक्त होना जो आपको परेशान करते हैं।

पाँच कारण लिखें कि आप पोर्न क्यों छोड़ना चाहते हैं। इन कारणों को कहीं ऐसी जगह रखें जहाँ आप देख सकें कि जब मुश्किलें आएँ, तो आपको याद रहे कि आप किस चीज़ के लिए लड़ रहे हैं।

आपके जीवन पर पोर्न के प्रभाव का आकलन

अब जब आपने लिख लिया है कि आप क्यों छोड़ना चाहते हैं, तो यह सोचने का समय है कि पोर्न ने आपके जीवन पर क्या वास्तविक प्रभाव डाला है। इस बात पर विचार करने के लिए कुछ समय निकालें कि इस लत ने आपके मानसिक, भावनात्मक और शारीरिक स्वास्थ्य को कैसे प्रभावित किया है। अपने आप से ये सवाल पूछें:

· पोर्न ने मेरे रिश्तों को कैसे प्रभावित किया है?

क्या मैंने लोगों को दूर कर दिया है? क्या मुझे अपने साथी या दोस्तों से जुड़ने में संघर्ष करना पड़ा है? क्या पोर्न ने विश्वास के मुद्दे या भावनात्मक दूरी पैदा की है?

· पोर्न ने मेरे काम या उत्पादकता पर क्या प्रभाव डाला है?

क्या मैं विचलित हूँ? क्या मैंने ध्यान खो दिया है? क्या मैंने अवसरों को खो दिया है क्योंकि मैं लत में बहुत डूबा हुआ हूँ?

· पोर्न ने मेरे आत्म-सम्मान को कैसे प्रभावित किया है?

क्या मैं दोषी या शर्मिंदा महसूस करता हूँ? क्या मैंने खुद पर विश्वास खो दिया है? क्या मुझे लगता है कि मैं अपनी क्षमता के अनुसार नहीं जी रहा हूँ?

· पोर्न ने मेरे शारीरिक स्वास्थ्य को कैसे प्रभावित किया है?

क्या मुझे इरेक्टाइल डिस्फंक्शन या कम ऊर्जा जैसी कोई समस्या हुई है? इसने मेरे समग्र स्वास्थ्य को कैसे प्रभावित किया है?

इन सवालों के जवाब लिखिए। खुद के साथ ईमानदार रहें। इससे आपको पोर्न से होने वाले नुकसान की पूरी हद को समझने में मदद मिलेगी। इसका सामना करना मुश्किल हो सकता है, लेकिन इसके प्रभाव को स्वीकार करना वास्तविक बदलाव लाने का पहला कदम है।

सफलता के लिए रणनीति विकसित करना

अब जब आपने छोड़ने की प्रतिबद्धता जताई है और पहचान लिया है कि आप क्यों छोड़ना चाहते हैं, तो सफल होने के लिए एक योजना विकसित करने का समय आ गया है। पोर्न छोड़ना आसान नहीं है, लेकिन सही रणनीतियों के साथ, आप इससे बाहर निकल सकते हैं। सफल होने में आपकी मदद करने के लिए यहां कुछ व्यावहारिक कदम दिए गए हैं:

1. स्पष्ट, मापने योग्य लक्ष्य निर्धारित करें:

हमेशा के लिए छोड़ने पर ध्यान केंद्रित करने के बजाय, छोटे, मापने योग्य लक्ष्य निर्धारित करें। उदाहरण के लिए, आप पोर्न के बिना एक दिन, एक सप्ताह या एक महीने बिताने का लक्ष्य रख सकते हैं। खुद को प्रेरित रखने के लिए रास्ते में प्रत्येक मील का पत्थर मनाएँ।

2. जवाबदेही बनाएँ:

अपनी प्रतिबद्धता को किसी ऐसे व्यक्ति के साथ साझा करें जिस पर आप भरोसा करते हैं - एक दोस्त, एक साथी या एक चिकित्सक। जवाबदेही आपको ट्रैक पर रखने में मदद कर सकती है और जब आप फिर से लत में पड़ने के लिए ललचाते हैं तो सहायता प्रदान कर सकती है।

3. ट्रिगर्स की पहचान करें:

उन स्थितियों, भावनाओं या विचारों के बारे में सोचें जो आपको पोर्न देखने के लिए प्रेरित करते हैं। क्या यह तनाव है? अकेलापन? बोरियत? एक बार जब

आप अपने ट्रिगर्स की पहचान कर लेते हैं, तो आप उनसे निपटने के लिए स्वस्थ तरीके खोजने पर काम कर सकते हैं।

4. स्वस्थ विकल्प खोजें:

पोर्न देखने में बिताए जाने वाले समय को स्वस्थ आदतों से बदलें। व्यायाम करना शुरू करें, कोई नया शौक अपनाएँ या दोस्तों और परिवार के साथ समय बिताएँ। ऐसी गतिविधियों में शामिल होना जो आपको खुशी और संतुष्टि देती हैं, पोर्न देखने के बाद खाली हुई जगह को भरने में मदद करेंगी।

5. आत्म-करुणा का अभ्यास करें:

ऐसे समय आएंगे जब आप गलती करेंगे। जब ऐसा होता है, तो खुद को दोष न दें। आत्म-करुणा का अभ्यास करना और यह याद रखना महत्वपूर्ण है कि रिकवरी एक यात्रा है, मंज़िल नहीं। अपनी गलतियों से सीखें, वापस पटरी पर आएँ और आगे बढ़ते रहें।

6. अपनी सफलता की कल्पना करें:

हर दिन यह कल्पना करने में समय बिताएँ कि एक बार जब आप नौकरी छोड़ देंगे तो आपका जीवन कैसा दिखेगा। खुद को ज़्यादा आत्मविश्वासी, जुड़ा हुआ और संतुष्ट महसूस करते हुए देखें। उस कल्पना को याद रखें कि आप ऐसा क्यों कर रहे हैं।

निष्कर्ष: आपकी प्रतिबद्धता ही पहला कदम है

आपने छोड़ने के लिए एक वास्तविक प्रतिबद्धता बनाने में पहला कदम उठाया है। यह आसान नहीं होगा, लेकिन यह इसके लायक होगा। आपने जो रणनीतियाँ विकसित की हैं, साथ ही जिन कारणों की आपने पहचान की है, वे आपकी यात्रा में आपका मार्गदर्शन करने में मदद करेंगे।

याद रखें, बदलाव की तत्काल आवश्यकता वास्तविक है। यदि आप नशे की राह पर चलते रहेंगे, तो आप सबसे महत्वपूर्ण चीज़ों को खोने का जोखिम उठाते हैं। लेकिन आज प्रतिबद्ध होकर, आप अपने जीवन पर नियंत्रण कर रहे हैं। आप स्वास्थ्य, खुशी और जुड़ाव का भविष्य चुन रहे हैं।

अब समय आ गया है कि आप अपनी प्रतिबद्धता को पहले से कहीं ज़्यादा मज़बूत बनाएँ। पहला कदम उठाएँ, और फिर अगला। आप यह कर सकते हैं।

3

पोर्न की लत से मस्तिष्क पर प्रभाव

मस्तिष्क प्रभाव - मेरा व्यक्तिगत दर्द

पोर्न सिर्फ़ देखने वाली चीज़ नहीं है। यह सिर्फ़ एक क्षणिक पलायन या हानिरहित भोग नहीं है। यह एक ऐसी लत है जो आपको बुनियादी स्तर पर बदल देती है। समय के साथ, यह आपके मस्तिष्क को फिर से संगठित करती है, आपकी धारणाओं को विकृत करती है, और इससे मुक्त होना और भी मुश्किल बनाती है। इस अध्याय में, मैं पोर्न के मस्तिष्क पर पड़ने वाले गहरे प्रभावों के बारे में बात करने जा रहा हूँ, और एक बार जब यह आपकी गिरफ़्त में आ जाता है, तो इसे छोड़ना इतना मुश्किल क्यों होता है। मैं इसे ज़्यादा नहीं बढ़ाऊँगा। पोर्न की लत की वास्तविकता सुंदर नहीं है, लेकिन इसके पीछे के विज्ञान को समझना आपके जीवन को पुनः प्राप्त करने का पहला कदम है।

पोर्न पर दिमागः असल में क्या होता है

आइए कुछ तथ्यों से शुरू करते हैं। पोर्न की लत लग जाती है और मस्तिष्क पर इसके प्रभाव वैज्ञानिक रूप से सिद्ध हैं। जब आप पोर्न देखते हैं, तो आपका मस्तिष्क डोपामाइन नामक रसायन छोड़ता है, जो आपको अच्छा महसूस कराता है। यह वही रसायन है जो तब निकलता है जब आप कुछ स्वादिष्ट खाते हैं, प्यार में पड़ते हैं या आनंद का अनुभव करते हैं। डोपामाइन ही वह है जो आपको और अधिक देखने के लिए वापस लाता है।

लेकिन यहाँ एक बात हैः पोर्न के साथ, मस्तिष्क की इनाम प्रणाली अपहृत हो जाती है। पोर्न से लगातार उत्तेजना केवल सामान्य मात्रा में डोपामाइन ही नहीं

छोड़ती है - यह आपके मस्तिष्क को अत्यधिक मात्रा में भर देती है। जितना अधिक आप देखते हैं, उतना ही आपका मस्तिष्क उस भावना को चाहता है, जिससे एक ऐसा चक्र बनता है जिसे तोड़ना मुश्किल हो जाता है।

जैसे-जैसे आपका मस्तिष्क इस अति उत्तेजना का आदी होता जाता है, वह असंवेदनशील होने लगता है। इसका मतलब है कि समय के साथ, उसी उत्तेजना को महसूस करने के लिए अधिक चरम या अधिक बार पोर्न देखना पड़ता है। आपके आनंद की आधार रेखा बदल जाती है। आप अधिक चाहने लगते हैं - अधिक नवीनता, अधिक उत्तेजना, अधिक तीव्रता - बस वही डोपामाइन हिट पाने के लिए। और उत्तेजना की इस बढ़ती हुई ज़रूरत के साथ, वास्तविक जीवन नीरस और नीरस लगने लगता है।

समस्या यह है कि आपके मस्तिष्क की यह पुनर्रचना शून्य में नहीं होती है। यह आपकी भावनाओं, रिश्तों और यहाँ तक कि ध्यान केंद्रित करने और उत्पादक होने की आपकी क्षमता को भी प्रभावित करता है। जो एक बार एक हानिरहित आदत थी, वह जल्दी ही एक अनियंत्रित लत में बदल जाती है, जो आपका समय, ऊर्जा और आपके आस-पास की दुनिया के साथ एक वास्तविक संबंध छीन लेती है।

मेरा व्यक्तिगत दर्द: वास्तविक समय में मस्तिष्क विनाश

मैं आपको यह नहीं बता सकता कि मैंने कितनी बार खुद से वादा किया कि मैं इसे छोड़ दूंगा। मैंने खुद से कहा, "यह आखिरी बार है। डोपामाइन का बस एक और झटका, और मैं इसे छोड़ दूंगा।" लेकिन यह कभी काम नहीं आया। मैंने कुछ दिनों के लिए इसे छोड़ दिया, शायद एक हफ़्ते के लिए भी, लेकिन लालसा हमेशा और भी मजबूत हो जाती।

पहले तो मुझे एहसास ही नहीं हुआ कि इसका मेरे दिमाग पर क्या असर हो रहा है। मुझे लगा कि मैं बस एक बुरी आदत से जूझ रहा हूँ। लेकिन जैसे-जैसे

मैं पोर्न देखता रहा, मैंने अपनी मानसिक स्थिति में बदलाव देखना शुरू कर दिया।

मेरी एकाग्रता खत्म हो गई। जो काम कभी आसान लगते थे, जैसे किताब पढ़ना या काम पर ध्यान केंद्रित करना, वे बड़ी चुनौतियाँ बन गए। ऐसा नहीं था कि मैं सिर्फ़ विचलित था - मैं खाली था। मैं लोगों से जुड़ नहीं पा रहा था। मैंने खुद को भावनात्मक रूप से सुन्न महसूस किया, जैसे मैं पहले जैसा इंसान नहीं था।

इस प्रक्रिया का सबसे दर्दनाक हिस्सा यह था कि मैं गहराई से जानता था कि पोर्न मेरे साथ क्या कर रहा है, लेकिन मैं इसे रोक नहीं पा रहा था। मैं अपराधबोध, शर्म और आत्म-घृणा के चक्र में फँसा हुआ महसूस कर रहा था। ऐसा लग रहा था जैसे मेरे मस्तिष्क का एक हिस्सा नशे की लत में फंस गया है और मैं इससे बाहर निकलने का रास्ता नहीं ढूंढ पा रहा था।

शर्म का चक्र

मैं सिर्फ़ नशे की लत के शारीरिक प्रभावों से ही नहीं जूझ रहा था; मैं भावनात्मक और मनोवैज्ञानिक नुकसान से भी जूझ रहा था। अपराधबोध बहुत ज़्यादा था। हर बार जब मैं नशे की लत में पड़ जाता, तो मुझे लगता कि मैं खुद को धोखा दे रहा हूँ, अपने मूल्यों को धोखा दे रहा हूँ। मुझे धोखेबाज़ जैसा महसूस होता था। मुझे पता था कि मैं वह व्यक्ति नहीं बन पा रहा हूँ जो मैं बनना चाहता था, वह व्यक्ति जो मैं बनने में सक्षम था। और सबसे बुरी बात? शर्म। मैं अपने संघर्ष में शर्मिंदा, अलग-थलग और पूरी तरह से अकेला महसूस करता था। मैं कई दिन, कभी-कभी हफ़्ते, बिना किसी को अपने संघर्षों के बारे में बताए गुज़ार देता। मैं इसे छुपाता था, यह सोचकर कि अगर मैं इसे लंबे समय तक छुपाए रखूँगा, तो मैं इसे नियंत्रित कर सकता हूँ। लेकिन जितना ज़्यादा मैं इसे छुपाता, यह उतना ही बदतर होता जाता। इस शर्म ने इससे मुक्त होना और भी मुश्किल बना दिया। इसने मेरे और दुनिया के बीच एक दीवार खड़ी कर दी। मुझे खुद पर, अपने व्यवहार पर और पोर्न के मुझ पर हावी होने पर

शर्म आती थी। मुझे ऐसा लगता था कि मैं किसी से बात नहीं कर सकता क्योंकि मुझे डर था कि वे मुझे जज करेंगे। मुझे डर था कि वे समझ नहीं पाएँगे।

सुन्न कर देने वाला प्रभाव: जीवन से वियोग

जैसे-जैसे लत गहरी होती गई, मैं उन सभी चीज़ों से दूर होता गया, जिनकी मुझे कभी परवाह थी। पोर्न ने मुझे कुछ समय के लिए राहत दी, लेकिन इसने मुझे सच्चा जुड़ाव भी खो दिया। मैं रिश्तों पर ध्यान केंद्रित नहीं कर पा रहा था, क्योंकि मेरा दिमाग लगातार उत्तेजना की ज़रूरत पर केंद्रित था। मैंने पाया कि मैं उन चीज़ों के प्रति उदासीन हो गया था, जो पहले मायने रखती थीं। मैंने अपने परिवार और दोस्तों के साथ रहना बंद कर दिया। बातचीत खोखली लगती थी। पोर्न के अलावा किसी भी चीज़ में खुशी या संतुष्टि महसूस करने की मेरी क्षमता न के बराबर हो गई। पोर्न ने मेरे और वास्तविकता के बीच एक अलगाव पैदा कर दिया। जीवन अब वास्तविक नहीं लगता था। पोर्न से मुझे जो आनंद मिलता था, वह इतना तीव्र था कि जीवन के साधारण सुख-जैसे प्रियजनों के साथ समय बिताना या अच्छा खाना खाना-उबाऊ लगने लगा। मेरा दिमाग अब लगातार उत्तेजना की चाहत रखने के लिए तैयार हो गया था, और इससे कम कुछ भी उबाऊ लगने लगा था।

निर्णायक मोड़: आशा की एक किरण

अपने सबसे बुरे दौर में, मुझे एक शक्तिशाली बात का एहसास हुआ: मैं इस तरह से नहीं जी सकता। लत का दर्द अस्थायी आनंद से ज़्यादा होने लगा था। मुझे अपने विकल्पों के दीर्घकालिक परिणाम दिखने लगे- न सिर्फ़ भावनात्मक और मनोवैज्ञानिक नुकसान, बल्कि मेरे रिश्तों, मेरे करियर और मेरे आत्म-सम्मान को होने वाला वास्तविक, स्थायी नुकसान।

पहली बार, मुझे वास्तव में समझ में आया कि पोर्न ने मेरे दिमाग पर क्या असर डाला है। इसने मेरे रिवॉर्ड सिस्टम को फिर से बदल दिया, मेरी अंतरंगता की

भावना को विकृत कर दिया, और मेरे और मेरे सच्चे स्व के बीच एक दीवार खड़ी कर दी। और जितना मैं बदलाव से डरता था, उतना ही मैं जानता था कि अगर मैं इससे मुक्त नहीं हुआ, तो मैं सब कुछ खो दूंगा।

इस चक्र में जीते रहने का दर्द असहनीय हो गया। लेकिन दर्द से भी ज़्यादा शक्तिशाली कुछ था: बदलने का फ़ैसला।

निष्कर्ष: नुकसान को समझना और उपचार को अपनाना

पोर्न की लत से उबरने का रास्ता आसान नहीं है, और मस्तिष्क को हुए नुकसान को ठीक होने में समय लग सकता है। लेकिन यह स्थायी नहीं है। जैसा कि आप इस अध्याय को पढ़ते हैं, मैं चाहता हूँ कि आप यह जानें कि नुकसान की गहराई को समझना मुक्त होने की दिशा में पहला कदम है। मैं वहाँ से गुज़रा हूँ। मैंने शर्म, सुन्नता, अलगाव महसूस किया है। लेकिन मैं दूसरी तरफ़ से भी बाहर आ गया हूँ। और आप भी ऐसा कर सकते हैं।

मस्तिष्क शक्तिशाली है, लेकिन यह अविश्वसनीय रूप से अनुकूलनीय भी है। आपके पास ठीक होने, अपने मस्तिष्क को फिर से प्रशिक्षित करने और सबसे महत्वपूर्ण जीवन और रिश्तों को फिर से खोजने की क्षमता है। यह रातोंरात नहीं होगा, लेकिन प्रतिबद्धता, प्रयास और सही कदमों के साथ, आप पोर्न से अपनी आज़ादी को अपना सकते हैं - और अपने जीवन को अंदर से बाहर तक फिर से बना सकते हैं।

कार्रवाई: अपने मस्तिष्क पर पड़ने वाले प्रभाव का आकलन करें

नशे की लत में खो जाना आसान है। सालों तक, मैं तनाव, ऊब और भावनाओं से निपटने के लिए पोर्न का उपयोग करने के चक्र में फंसा रहा, जिन्हें मैं ठीक से समझ नहीं पाया। मुझे एहसास नहीं हुआ कि यह मेरे मस्तिष्क, मेरे व्यवहार

और मेरे जीवन को कितनी गहराई से प्रभावित कर रहा था। पहले तो प्रभाव धीरे-धीरे थे, लेकिन समय के साथ, मैंने अपने विचारों, अपने रिश्तों और यहाँ तक कि अपने शारीरिक स्वास्थ्य में भी बदलाव देखा।

इस अध्याय में, मैं आपको व्यावहारिक चरणों के माध्यम से यह आकलन करने के लिए मार्गदर्शन करूँगा कि पोर्न आपके मस्तिष्क को कैसे प्रभावित कर रहा है और आपको स्वस्थ, कार्यशील दिमाग को पुनः प्राप्त करने के लिए कार्रवाई योग्य कदम दिखाऊँगा। अपने जीवन पर नियंत्रण करने और स्वतंत्रता और संतुष्टि के लिए अपने मस्तिष्क को फिर से तैयार करने की प्रक्रिया शुरू करने का समय आ गया है।

चरण 1: अपने मस्तिष्क और जीवन पर पोर्न के प्रभाव पर चिंतन करें

उपचार में पहला कदम यह स्वीकार करना है कि पोर्न आपके मस्तिष्क पर क्या प्रभाव डाल रहा है। जब तक आप चिंतन करने के लिए समय नहीं निकालते, तब तक आपको एहसास नहीं हो सकता कि यह आपको कितनी गहराई से प्रभावित कर रहा है। प्रभाव का आकलन करते समय खुद से पूछने के लिए यहाँ कुछ प्रश्न दिए गए हैं:

- • मैं कितनी बार पोर्न के बारे में सोचता हूँ? क्या यह पूरे दिन आपके विचारों को खाए जा रहा है? क्या यह तब भी आपके दिमाग में आता है जब आप दूसरी चीज़ों पर ध्यान केंद्रित करने की कोशिश कर रहे होते हैं?
- · पोर्न मेरे रिश्तों को कैसे प्रभावित करता है? क्या आप दूसरों से ज़्यादा दूर हो गए हैं, भावनात्मक रूप से कम जुड़े हुए हैं या दूसरों के साथ, ख़ास तौर पर अपने साथी या प्रियजनों के साथ सार्थक संबंध बनाने में असमर्थ हैं?
- · क्या मैं वास्तविक जीवन से सुन्न या कटा हुआ महसूस करता हूँ? क्या आपको रोज़मर्रा की गतिविधियों में आनंद पाने में संघर्ष करना पड़ता है या क्या आपको ऐसा लगता है कि जीवन में कोई भी चीज़ आपको पोर्न की तरह उत्साहित नहीं करती?

- · मेरी भावनात्मक प्रतिक्रियाएँ कैसी हैं? क्या आप अपनी लत के कारण ज़्यादा चिड़चिड़े, चिंतित या अलग-थलग हो रहे हैं? क्या आप तनाव या अभिभूत होने पर पोर्न की ओर रुख करते हैं?

ये सवाल आपके मस्तिष्क पर पोर्न के प्रभाव की सीमा को समझने की शुरुआत मात्र हैं। सच्चाई का सामना करना बहुत ज़रूरी है - बिना किसी निर्णय के। इन प्रभावों को पहचानना ही इससे मुक्त होने का पहला कदम है।

चरण 2: अपहृत मस्तिष्क के संकेतों को पहचानें

पोर्न की लत सिर्फ़ आपकी भावनाओं और व्यवहार को ही प्रभावित नहीं करती है - यह आपके मस्तिष्क की इनाम प्रणाली को भी अपहृत कर लेती है। आपका मस्तिष्क आनंद और इनाम के लिए पोर्न पर निर्भर होने लगता है, जिससे वह अस्वस्थ तरीकों से अनुकूलन करने लगता है।

यहाँ बताया गया है कि पोर्न द्वारा अपहृत मस्तिष्क के संकेतों को कैसे पहचाना जाए:

- · सहनशीलता में वृद्धि: किसी भी अन्य लत की तरह, जितना अधिक आप उपभोग करते हैं, उतना ही आपको समान आनंद प्राप्त करने की आवश्यकता होती है। यदि आपको लगता है कि आप जो पोर्न देखते हैं वह अब आपको उतना उत्तेजित नहीं करता जितना पहले करता था, या आपको वही आनंद प्राप्त करने के लिए अधिक चरम सामग्री देखने की आवश्यकता है, तो आपके मस्तिष्क ने सहनशीलता विकसित कर ली है।
- · किसी और चीज़ पर ध्यान केंद्रित करने में कठिनाई: पोर्न की लत अक्सर किसी और चीज़ पर ध्यान केंद्रित करने में असमर्थता के साथ आती है, सिवाय अगले फिक्स के। चाहे वह काम हो, रिश्ते हों या शौक, आपको ऐसा लग सकता है कि आप किसी भी चीज़ पर ध्यान केंद्रित नहीं कर सकते जब तक कि उसमें तत्काल संतुष्टि शामिल न हो।

- बढ़ती लालसा: जैसे-जैसे लत बढ़ती है, लालसा और भी तीव्र होती जाती है। आप खुद को अक्सर पोर्न के बारे में सोचते हुए या ऐसी स्थितियों में इसे तलाशते हुए पाएंगे, जहां यह आपके दिमाग में पहले कभी नहीं आया होगा।

- · भावनात्मक सुन्नता: जैसे-जैसे आपका मस्तिष्क पोर्न से अत्यधिक उत्तेजित होता जाता है, रोज़मर्रा की गतिविधियाँ और बातचीत नीरस लगने लगती हैं। आपको लोगों के साथ भावनात्मक रूप से जुड़ने या वास्तविक आनंद का अनुभव करने में संघर्ष करना पड़ सकता है। पोर्न एक अस्थायी उत्साह पैदा करता है जो आनंद की आपकी धारणा को विकृत करता है।

इन लक्षणों की पहचान करके, आप यह समझना शुरू कर सकते हैं कि पोर्न ने आपके मस्तिष्क की प्राकृतिक वायरिंग को कितनी गहराई से बदल दिया है।

चरण 3: अपने मस्तिष्क को पुनः प्राप्त करने के लिए एक स्पष्ट इरादा निर्धारित करें

इरादे की शक्ति आपके दिमाग पर नियंत्रण वापस पाने का पहला कदम है। एक बार जब आप प्रभाव का आकलन कर लेते हैं, तो ठीक होने के लिए एक स्पष्ट और दृढ़ इरादा निर्धारित करने का समय आ जाता है। यह कोई आसान निर्णय नहीं है; यह बदलाव के लिए, अपने मस्तिष्क और अपने भविष्य के लिए लड़ने की प्रतिबद्धता है।

इन लक्षणों की पहचान करके, आप यह समझना शुरू कर सकते हैं कि पोर्न ने आपके मस्तिष्क की प्राकृतिक वायरिंग को कितनी गहराई से बदल दिया है।

कार्यवाही चरण: अपनी प्रतिबद्धता लिखें। यह इतना सरल हो सकता है: "मैं अपने मस्तिष्क को पोर्न के चंगुल से मुक्त करने के लिए प्रतिबद्ध हूँ। मैं अपना ध्यान, अपनी खुशी और अपने सच्चे स्व को पुनः प्राप्त करने के लिए हर दिन कार्रवाई योग्य कदम उठाऊँगा।"

इसे हर सुबह जोर से पढ़ें। इसे अपना प्रतिज्ञान बनाएँ। यह प्रतिबद्धता वह आधार है जिस पर आपका उपचार आधारित होगा।

चरण 4: अपने मस्तिष्क को फिर से जोड़ने की प्रक्रिया शुरू करें

पोर्न की लत से उबरना आपके मस्तिष्क को फिर से जोड़ने की एक क्रमिक प्रक्रिया है। जिस तरह एक मांसपेशी उपयोग की कमी से क्षीण हो जाती है, उसी तरह आपके मस्तिष्क की इनाम प्रणाली को स्वस्थ उत्तेजनाओं पर प्रतिक्रिया करने के लिए फिर से प्रशिक्षित किया जा सकता है। इसमें समय, धैर्य और अभ्यास लगता है, लेकिन यह बिल्कुल संभव है।

यहाँ आपके मस्तिष्क को फिर से जोड़ने के लिए कुछ व्यावहारिक कदम दिए गए हैं:

- नई आदतें बनाएँ: अपनी पोर्न देखने की आदतों को स्वस्थ, फायदेमंद गतिविधियों से बदलना ज़रूरी है। चाहे वह व्यायाम करना हो, पढ़ना हो या कोई नया कौशल सीखना हो, ये आदतें आपके मस्तिष्क को कुछ और करने के लिए प्रेरित करेंगी। यह रातों-रात नहीं होगा, लेकिन निरंतरता महत्वपूर्ण है।
- माइंडफुलनेस और मेडिटेशन: अपने दिमाग पर नियंत्रण पाने के सबसे प्रभावी तरीकों में से एक माइंडफुलनेस अभ्यास है। मेडिटेशन आपको अपने विचारों के बारे में जागरूकता हासिल करने, अपनी लालसा को शांत करने और अपने दिमाग को केंद्रित करने में मदद कर सकता है। दिन में सिर्फ़ पाँच मिनट भी शक्तिशाली प्रभाव डाल सकते हैं।

- व्यायाम और शारीरिक गतिविधि: शारीरिक व्यायाम न केवल आपके शरीर के लिए अच्छा है, बल्कि यह आपके मस्तिष्क के लिए भी आवश्यक है। यह भावनाओं को नियंत्रित करने में मदद करता है, स्वस्थ तरीके से डोपामाइन के स्तर को बढ़ाता है, और आपको पुरस्कार की एक स्वाभाविक भावना देता है। हर बार जब आप पोर्न के बजाय व्यायाम चुनते हैं, तो आप अपने मस्तिष्क में नई, स्वस्थ वायरिंग को मजबूत कर रहे होते हैं।
- ट्रिगर से बचें: अपने मस्तिष्क को फिर से जोड़ने का एक हिस्सा उन स्थितियों से बचना है जो आपकी लालसा को ट्रिगर करती हैं। उन जगहों, क्षणों या भावनाओं को पहचानें जो पोर्न देखने की ओर ले जाती हैं, और उनसे बचने या उनका सामना करने की रणनीति बनाएं। इसमें आपके उपकरणों के साथ सीमाएँ निर्धारित करना, कुछ स्थितियों से बचना, या जब आप लुभाए जाते हैं तो सहायता माँगना शामिल हो सकता है।
- जर्नलिंग: अपने विचारों और भावनाओं को लिखना आपको अपने दिमाग में चल रही चीज़ों को संसाधित करने में मदद करता है। यह आपको अपनी भावनाओं को प्रतिबिंबित करने, पैटर्न को पहचानने और अपनी प्रगति को ट्रैक करने के लिए एक सुरक्षित स्थान देता है। जब मैंने जर्नलिंग शुरू की, तो मैं अपने ट्रिगर्स को बेहतर ढंग से समझने और अपनी भावनाओं को स्वस्थ तरीकों से प्रबंधित करने में सक्षम था।

चरण 5: सहायता और जवाबदेही की तलाश करें

किसी को भी इस यात्रा पर अकेले नहीं चलना चाहिए। पोर्न की लत गोपनीयता में पनपती है, लेकिन इससे उबरने के लिए जुड़ाव और जवाबदेही की ज़रूरत होती है। आप इसे अकेले नहीं कर सकते - आपको दूसरों की मदद की ज़रूरत है, आपका मार्गदर्शन करना चाहिए और अपने मस्तिष्क और अपने जीवन को फिर से बनाने के लिए आपको जवाबदेह बनाना चाहिए।

आप ये कर सकते हैं:

• **जवाबदेही वाला साथी खोजें**: यह कोई करीबी दोस्त, सलाहकार या फिर कोई चिकित्सक भी हो सकता है। मेरा एक दोस्त था जो मेरे संघर्ष से वाकिफ था और हम नियमित रूप से एक-दूसरे से मिलते रहते थे। यह जानना कि मैं अकेला नहीं हूँ, मुझे उन दिनों में ताकत देता था जब मेरी लालसाएँ सबसे ज़्यादा प्रबल होती थीं।

• **सहायता समूह में शामिल हों**: चाहे व्यक्तिगत रूप से या ऑनलाइन, सहायता समूह जीवन रेखा हो सकते हैं। दूसरों की कहानियाँ सुनना, अपने संघर्षों को साझा करना और दूसरों को सहायता प्रदान करना समुदाय की एक शक्तिशाली भावना पैदा कर सकता है। इन समूहों में कई लोग उसी राह पर चले हैं और वे मूल्यवान अंतर्दृष्टि और प्रोत्साहन प्रदान कर सकते हैं।

• **पेशेवर मदद पर विचार करें**: गहरी जड़ें जमाए हुए मुद्दों और भावनात्मक उपचार के लिए थेरेपी या परामर्श अविश्वसनीय रूप से फायदेमंद हो सकता है। एक पेशेवर आपको भावनात्मक दर्द, ट्रिगर्स और विचार पैटर्न से निपटने में मदद कर सकता है जो आपकी लत में योगदान करते हैं।

चरण 6: धैर्य रखें और खुद के प्रति दयालु बनें

अपने मस्तिष्क को फिर से व्यवस्थित करने में समय लगता है। यह रातों-रात नहीं होने वाला है। इसमें बाधाएँ आएंगी, लेकिन हर दिन जब आप पोर्न के आकर्षण से लड़ने का चुनाव करेंगे, तो यह जीत होगी। उपचार एक यात्रा है, और इस दौरान खुद के प्रति दयालु होना महत्वपूर्ण है।

अगर आप गलती करते हैं, तो खुद को शर्मिंदा न करें। इसके बजाय, इसे सीखने के अवसर के रूप में उपयोग करें। गलती किस वजह से हुई? अगली बार आप क्या अलग कर सकते हैं? आत्म-जागरूकता का हर पल सही दिशा में एक और कदम है।

कार्यवाही कदम: हर शाम, अपने दिन पर विचार करें और तीन जीतें लिखें, चाहे वे कितनी भी छोटी क्यों न हों। हो सकता है कि आपने पोर्न देखने की इच्छा का विरोध किया हो, अकेले रहने के बजाय टहलने गए हों, या अपने संघर्षों के बारे में किसी से ईमानदारी से बात की हो। ये जीतें आपके मस्तिष्क को विफलता के बजाय सफलता पर ध्यान केंद्रित करने के लिए पुनः प्रशिक्षित करने में मदद करेंगी।

निष्कर्ष: अपने स्वस्थ मस्तिष्क को पुनः प्राप्त करना, एक बार में एक कदम

यह आकलन करना कि पोर्न आपके मस्तिष्क को कैसे हाईजैक कर रहा है और इसे पुनः प्राप्त करने के लिए कार्रवाई योग्य कदम उठाना आसान नहीं है, लेकिन यह आगे बढ़ने का एकमात्र तरीका है। आप ठीक हो सकते हैं। आप अपने मस्तिष्क को फिर से जोड़ सकते हैं। आप लत की जंजीरों से मुक्त हो सकते हैं और एक स्वस्थ, अधिक संतुष्टिदायक जीवन जीना शुरू कर सकते हैं।

कुंजी प्रक्रिया के प्रति प्रतिबद्ध रहना है, एक बार में एक कदम उठाना है, और अपने दिमाग को पुनः प्राप्त करते समय खुद के साथ धैर्य रखना है। हर क्रिया, हर विकल्प, हर प्रयास आपको उस स्वतंत्रता और मानसिक स्पष्टता के एक कदम करीब लाता है जिसके आप हकदार हैं।

आप अपनी लत से परिभाषित नहीं होते हैं। आप अपनी ताकत और बदलाव के प्रति अपनी प्रतिबद्धता से परिभाषित होते हैं।

4

आवेगों और पुनरावृत्तियों से निपटना

अश्लीलता की इच्छा और पोर्न की लत

जब मैंने पहली बार पोर्न छोड़ने की अपनी यात्रा शुरू की, तो मुझे बिल्कुल भी अंदाज़ा नहीं था कि ये इच्छाएँ कितनी शक्तिशाली होंगी। वे मेरे ऊपर टूटती लहरों की तरह थीं, हर एक पिछली से ज़्यादा शक्तिशाली, मुझे उसी अंधेरे चक्र में वापस खींच रही थी। सिर्फ़ इसलिए कि मैंने पोर्न छोड़ने का फ़ैसला किया, ये इच्छाएँ बंद नहीं हुईं; बल्कि, कई बार ये और भी तीव्र होती दिखीं। समय के साथ, मैंने सीखा कि इन इच्छाओं को प्रबंधित करना उनसे सीधे लड़ने के बारे में नहीं था, बल्कि यह समझने के बारे में था कि वे कहाँ से आती हैं और उनसे निपटने के लिए स्वस्थ तरीके विकसित करना था। इस अध्याय में, मैं आपके साथ साझा करूँगा कि मैंने इच्छाओं को कैसे संभाला और मेरे रिलैप्स का कारण क्या था, ताकि आप बेहतर ढंग से समझ सकें कि इन चुनौतियों से कैसे पार पाया जाए। पोर्न की लत पर काबू पाना कोई सीधा रास्ता नहीं है। यह गड़बड़ है। यह कठिन है। लेकिन हर बार रिलैप्स के साथ, मैं थोड़ा मज़बूत, थोड़ा समझदार और थोड़ा उस आज़ादी के करीब पहुँच गया जिसकी मैं तलाश कर रहा था।

आग्रह की शक्ति

पोर्न देखने की इच्छा आपके दिमाग में एक तूफान की तरह होती है। वे अचानक, कहीं से भी आती हैं, और आपको शक्तिहीन महसूस कराती हैं। लेकिन, एक तूफान की तरह, अंततः इच्छा समाप्त हो जाती है। मुख्य बात यह

है कि इस पर कार्रवाई न करें और इससे उत्पन्न होने वाली भावनाओं को नियंत्रित करें।

जब मुझे पोर्न देखने की इच्छा महसूस हुई, तो यह केवल शारीरिक इच्छा के बारे में नहीं था। यह एक भावनात्मक खिंचाव था। यह मेरा मस्तिष्क था जो त्वरित डोपामाइन फिक्स, तनाव से बचने, भावनात्मक असुविधा से राहत की तलाश कर रहा था। पोर्न इतने लंबे समय से मेरा मुकाबला करने का तरीका था कि यह उन कमजोर क्षणों में बेहतर महसूस करने का एकमात्र तरीका लगा।

पहले, मैंने सोचा कि मैं इसे अनदेखा कर सकता हूं, लेकिन इच्छा को अनदेखा करने से काम नहीं चला। इससे यह और मजबूत हो गया। इसलिए, मैंने अपना ध्यान केंद्रित करना शुरू कर दिया और यह जानने के लिए उत्सुक हो गया कि मुझे ये इच्छाएँ क्यों हो रही थीं। यह मेरे लिए एक बहुत बड़ा मोड़ था। मुझे एहसास हुआ कि प्रत्येक इच्छा एक संकेत थी कि मेरी भावनात्मक स्थिति या वातावरण में कुछ गड़बड़ है। इच्छा समस्या नहीं थी - मैंने इसके साथ क्या किया, यह मायने रखता था।

मेरा पहला रिलैप्स: ट्रिगर्स को समझना

रिलैप्स मेरी यात्रा का हिस्सा थे, और यह स्वीकार करना महत्वपूर्ण है कि असफलताएँ आपको परिभाषित नहीं करती हैं। वे सीखने और बढ़ने के अवसर हैं। मेरा पहला रिलैप्स एक दर्दनाक अनुस्मारक था कि मुझे अभी भी कितना काम करना है।

इसके क्या कारण थे? पीछे मुड़कर देखने पर, मुझे लगता है कि रिलैप्स इसलिए हुआ क्योंकि मैंने अपनी भावनात्मक ज़रूरतों पर ध्यान देना बंद कर दिया था। मैं काम में बहुत ज़्यादा व्यस्त महसूस कर रहा था और अपनी भावनात्मक भलाई की उपेक्षा कर रहा था। तनाव को दूर करने के बजाय, मैंने पोर्न की ओर रुख किया। मैंने खुद को आश्वस्त किया कि यह मुझे आराम देगा।

लेकिन इसके बजाय, इसने मुझे और भी बुरा महसूस कराया - दोषी, शर्मिंदा और पराजित।

रिलैप्स के बाद, मैंने कुछ समय इस बात पर विचार करने में बिताया कि क्या गलत हुआ। मुझे एहसास हुआ कि मेरे भावनात्मक ट्रिगर - तनाव, अकेलापन, ऊब - असली कारण थे। मैं बेहतर आत्म-देखभाल और भावनात्मक विनियमन की अपनी ज़रूरत को अनदेखा कर रहा था। पोर्न बस एक त्वरित उपाय था जिसकी ओर मैंने तब रुख किया जब मुझे नहीं पता था कि इन भावनाओं से कैसे निपटना है।

इच्छाओं को नियंत्रित करना: मेरे लिए क्या कारगर रहा

अपनी लत से उबरने के बाद, मैंने अपनी इच्छाओं को नियंत्रित करने के लिए ज़्यादा सक्रिय दृष्टिकोण अपनाने का फ़ैसला किया. मैंने उन्हें "लड़ने" वाली चीज़ के रूप में देखना बंद कर दिया और इसके बजाय उन्हें अपनी भावनात्मक तन्यकता को मज़बूत करने के अवसर के रूप में देखा. यहाँ बताया गया है कि इससे मुझे क्या मदद मिली:

1. रुकें और साँस लें

जब मुझे पोर्न देखने की इच्छा हुई, तो मैंने सबसे पहले रुककर कुछ गहरी साँसें लीं, अपने फेफड़ों में हवा भरने और अपने तंत्रिका तंत्र को शांत करने की अनुभूति पर ध्यान केंद्रित किया. बस उस पल को धीमा करने से मुझे खुद को अभिनय करने की तीव्र इच्छा से अलग करने में मदद मिली.

2. मूल कारण की पहचान करें

खुद को इस इच्छा से विचलित करने की कोशिश करने के बजाय, मैंने खुद से पूछना शुरू किया, "वास्तव में यहाँ क्या हो रहा है? मैं ऐसा क्यों महसूस कर

रहा हूँ?" क्या मैं तनाव में था? अकेला? ऊब गया था? मूल कारण की पहचान करने से मुझे यह समझने में स्पष्टता मिली कि इच्छा समस्या नहीं थी - यह वे भावनाएँ थीं जिनसे मैं बच रहा था.

3. उद्देश्यपूर्ण ध्यान भटकाना

जब मुझे पोर्न देखने की इच्छा हुई, तो मैंने इसे एक ऐसी गतिविधि से बदल दिया, जिसने मुझे वास्तविक संतुष्टि और ध्यान दिया. मेरे लिए, यह व्यायाम करना, पढ़ना या किसी मित्र को कॉल करना था. मैंने ऐसी गतिविधियों का एक टूलबॉक्स विकसित करना शुरू किया जो न केवल ध्यान भटकाने वाली थीं, बल्कि सार्थक विकल्प भी थीं. इन गतिविधियों ने मुझे प्राकृतिक डोपामाइन बढ़ावा दिया और पोर्न का सहारा लिए बिना मुझे अच्छा महसूस करने में मदद की.

4. माइंडफुलनेस और मेडिटेशन

माइंडफुलनेस का अभ्यास करने से मुझे अपने विचारों और लालसाओं के बारे में अधिक जागरूक होने में मदद मिली. बिना किसी निर्णय के आग्रह को देखते हुए, मैंने नोटिस करना शुरू किया कि यह कितनी जल्दी आता और चला जाता है. मुझे एहसास हुआ कि आग्रह अस्थायी हैं. वे हमेशा के लिए नहीं रहते हैं, और जितना अधिक मैंने उन पर कार्रवाई करने के बजाय उनके साथ बैठने का अभ्यास किया, उतना ही उनका मुझ पर कम प्रभाव पड़ा.

5. जवाबदेही

मैंने यह भी पाया कि किसी और के प्रति जवाबदेह होना अविश्वसनीय रूप से मददगार था. अपने संघर्षों को किसी करीबी दोस्त या गुरु के साथ साझा करने

से मुझे अपनी यात्रा के प्रति प्रतिबद्ध रहने में मदद मिली। इसने प्रक्रिया को कम अलग-थलग कर दिया और जब लालसा अपने चरम पर थी, तो मुझे समर्थन महसूस करने में मदद की।

पुनःप्रत्यावर्तन और पुनर्प्राप्ति का चक्र

मैं आपके साथ सच बोलना चाहता हूँ: रिलैप्स सिर्फ़ एक बार नहीं होते - वे इस यात्रा में कई बार हो सकते हैं। मैंने जो सबसे महत्वपूर्ण बात सीखी है वह यह है कि रिलैप्स का मतलब विफलता नहीं है। यह एक संकेत है कि आपके दृष्टिकोण में कुछ बदलाव की आवश्यकता है। मेरे लिए, प्रत्येक रिलैप्स ने मुझे मेरे ट्रिगर्स के बारे में कुछ मूल्यवान सिखाया और अगली बार उन्हें बेहतर तरीके से कैसे संभालना है।

कुंजी हार न मानना है। हार मानना आसान है, लेकिन सच्चाई यह है कि रिकवरी एक सीधी रेखा नहीं है। यह धक्कों और चक्करों से भरी एक घुमावदार सड़क है, लेकिन आगे बढ़ाया गया हर कदम मायने रखता है। जब मैं रिलैप्स हुआ, तो मैंने कोशिश करना नहीं छोड़ा। मैंने बस अपनी रणनीति को समायोजित किया और फिर से कोशिश की। जितना अधिक मैंने ऐसा किया, मैं उतना ही अधिक लचीला बन गया।

दीर्घकालिक लचीलापन बनाना

जैसे-जैसे मैं अपनी यात्रा पर आगे बढ़ता गया, मैंने एक उल्लेखनीय बात देखी: समय के साथ इच्छाएँ कम होती गईं और कम तीव्र होती गईं। मेरा मस्तिष्क खुद को फिर से संगठित करना शुरू कर रहा था। मैं अब अपनी भावनाओं से निपटने के लिए पोर्न नहीं देख रहा था। इसके बजाय, मैंने तनाव, अकेलेपन और बोरियत को प्रबंधित करने के लिए स्वस्थ तरीके विकसित किए थे।

दीर्घकालिक लचीलापन बनाने के लिए एक ऐसी जीवनशैली बनानी पड़ी जो मेरी रिकवरी में सहायक हो। इसका मतलब था कि मैं शारीरिक रूप से

सक्रिय, भावनात्मक रूप से जुड़ा हुआ और सामाजिक रूप से जुड़ा हुआ था। मैंने आत्म-करुणा का अभ्यास करना और ठोकर खाने पर खुद को अनुग्रह देना भी प्राथमिकता बना ली। मैंने खुद को कोसा नहीं; इसके बजाय, मैंने अपनी प्रगति को स्वीकार किया और आगे बढ़ता रहा।

मुख्य बातें:

• इच्छाएँ अस्थायी होती हैं - वे आती हैं और चली जाती हैं। अभ्यास के साथ, आप उनके साथ बैठना और उन्हें गुज़र जाने देना सीखेंगे।

· भावनात्मक ट्रिगर - तनाव, अकेलापन और ऊब - अक्सर पोर्न देखने की इच्छा के मूल में होते हैं। इन भावनाओं को संबोधित करना दीर्घकालिक सफलता की कुंजी है।

· स्वस्थ मुकाबला करने की रणनीतियाँ - व्यायाम करना, दूसरों से जुड़ना, जर्नलिंग या ध्यान करना - पोर्न की ज़रूरत को बदल सकती हैं।

· जवाबदेही प्रतिबद्ध रहने के लिए एक शक्तिशाली उपकरण है। अपनी यात्रा को किसी ऐसे व्यक्ति के साथ साझा करें जो आपका समर्थन कर सके।

· रिलैप्स प्रक्रिया का हिस्सा हैं - वे विकास के अवसर हैं, विफलता के नहीं। उनसे सीखें और आगे बढ़ते रहें।

आगे बढ़ना: इच्छाओं से मुक्ति

स्वतंत्रता का मार्ग इच्छाओं को पूरी तरह से खत्म करने के बारे में नहीं है - यह उनके उठने पर अलग तरीके से चुनने की ताकत विकसित करने के बारे में है। मैं झूठ नहीं बोलूंगा और यह नहीं कहूंगा कि मुझे कभी भी लालसा का अनुभव नहीं हुआ, लेकिन मैंने उन्हें प्रबंधित करना सीख लिया है और समझ लिया है कि मेरे पास अपनी प्रतिक्रिया चुनने की शक्ति है।

हर दिन जब आप पुराने पैटर्न में वापस जाने की इच्छा का विरोध करते हैं तो यह एक जीत है। अपने आप को ठीक करने और बेहतर समझने की दिशा में आपका हर कदम आपको मजबूत बनाता है। आप नियंत्रण में हैं, इच्छाओं में नहीं।

चलते रहो। आप जितना सोचते हैं उससे कहीं ज़्यादा आज़ादी के करीब हैं।

कार्रवाई: इच्छाओं और पुनरावृत्ति को रोकने के लिए कदम

जब मैंने पहली बार पोर्न छोड़ने का फैसला किया, तो मुझे लगा कि एक बार मैंने यह फैसला कर लिया, तो सबकुछ आसान हो जाएगा। दुर्भाग्य से, वास्तविकता ने मुझे बहुत परेशान किया। पोर्न देखने की इच्छाएँ बहुत प्रबल हो गईं, और प्रलोभन अक्सर असहनीय लगता था। उस समय मुझे यह नहीं पता था कि इन इच्छाओं को दूर करने और फिर से पोर्न देखने से बचने के लिए सिर्फ़ इच्छाशक्ति से कहीं ज़्यादा की ज़रूरत होगी - इसके लिए वास्तविक, व्यावहारिक कदम, निरंतर प्रयास और खुद की गहरी समझ की ज़रूरत होगी। इस अध्याय में, मैं उन वास्तविक, कच्चे कदमों को साझा करने जा रहा हूँ, जिन्होंने मुझे अपनी लत से निपटने में मदद की। मैं चाहता हूँ कि आप जानें कि इच्छाओं पर काबू पाना और फिर से पोर्न देखने से रोकना पूर्णता के बारे में नहीं है। यह चुनौतियों से निपटने के तरीके सीखने के बारे में है, जैसे वे आती हैं और अंततः, एक ऐसा जीवन बनाना है जहाँ पोर्न अब आप पर हावी न हो।

आग्रह को समझना

व्यावहारिक चरणों में जाने से पहले, यह समझना महत्वपूर्ण है कि जब पोर्न देखने की इच्छा होती है तो आप किससे निपट रहे होते हैं। यह इच्छा सिर्फ़ एक यादृच्छिक विचार नहीं है; यह आपके मस्तिष्क की त्वरित डोपामाइन

59

फिक्स की तलाश है। पोर्न की लत मस्तिष्क की इनाम प्रणाली में गहराई से निहित है। पोर्न आनंद की तीव्र लहर देता है, और आपका मस्तिष्क इसे तनाव, ऊब, अकेलेपन या चिंता से राहत के साथ जोड़ना शुरू कर देता है। समय के साथ, मस्तिष्क उस त्वरित फिक्स की लालसा करने लगता है। यही कारण है कि पोर्न देखने की इच्छा इतनी शक्तिशाली लगती है। लेकिन बात यह है: यह इच्छा आपको नियंत्रित नहीं करती है। आप अपने कार्यों को नियंत्रित करते हैं।

चरण 1: इच्छा को पहचानें और रुकें

जब आपको पोर्न देखने की इच्छा महसूस हो, तो सबसे पहले आपको इसे पहचानना चाहिए। इसे अनदेखा करना या अनदेखा करना आसान है, लेकिन इसे पहचानना कि यह क्या है - एक अस्थायी इच्छा - इसे हराने का पहला कदम है।

जब मुझे इच्छा होती थी, तो मैं ऑटोपायलट पर चला जाता था और खुद को उस रास्ते पर चलने देता था। लेकिन कुछ चिंतन के बाद, मुझे एहसास हुआ कि मुझे कार्य करने से पहले एक विराम लेने की आवश्यकता है। इसलिए अब, जब इच्छा होती है, तो मैं एक पल के लिए रुक जाता हूँ। मैं एक गहरी साँस लेता हूँ, और मैं खुद को याद दिलाता हूँ: "यह अस्थायी है। यह बीत जाएगा।"

यह क्यों काम करता है: जब आप रुकते हैं, तो आप चक्र को तोड़ने के लिए एक पल लेते हैं। आप खुद को ट्रिगर और कार्रवाई के बीच जगह देते हैं। और उस जगह में, आप नियंत्रण वापस पा लेते हैं।

चरण 2: ट्रिगर की पहचान करें

पोर्न देखने की हर इच्छा का एक ट्रिगर होता है। मेरे लिए, ट्रिगर अक्सर तनाव, बोरियत या ऐसे क्षण होते थे जब मैं भावनात्मक रूप से थका हुआ महसूस करता था। यह हमेशा वासना या यौन इच्छा के बारे में नहीं था - यह मेरे जीवन में किसी असहज चीज़ से बचने की कोशिश के बारे में था।

खुद से पूछें: अभी क्या हुआ? मैं अभी क्या महसूस कर रहा हूँ? क्या यह काम का तनाव है? अकेलापन? अपने जीवन में किसी चीज़ को लेकर चिंता?

एक बार जब मैंने अपने ट्रिगर्स की पहचान कर ली, तो मैंने पोर्न देखने के बजाय अंतर्निहित भावना को संबोधित करना शुरू कर दिया। उदाहरण के लिए, अगर मुझे तनाव महसूस होता, तो मैं टहलने चला जाता, किसी दोस्त को फोन करता, या कुछ रचनात्मक करता। अगर मैं ऊब महसूस करता, तो मैं खुद को किसी शौक में डुबो लेता या घर से बाहर निकल जाता।

यह क्यों काम करता है: जब आप भावनात्मक ट्रिगर को सीधे संबोधित करते हैं, तो आप पोर्न को मुकाबला करने के तंत्र के रूप में उपयोग करना बंद कर देते हैं। इसके बजाय, आप असहज भावनाओं से निपटने के लिए स्वस्थ तरीके सीखते हैं।

चरण 3: आदत को कुछ सकारात्मक से बदलें

जब आप पोर्न देखना छोड़ देते हैं, तो आपके पीछे एक भावनात्मक शून्य रह जाता है। आप पोर्न देखना बंद किए बिना इसे किसी और चीज़ से नहीं बदल सकते - कुछ ऐसा जो आपको स्वस्थ, सार्थक तरीके से संतुष्ट करे। कुछ ऐसा खोजें जो आपको वही डोपामाइन बढ़ावा दे लेकिन हानिकारक प्रभावों के बिना।

मेरे लिए, मैंने अधिक नियमित रूप से कसरत करना शुरू कर दिया। व्यायाम तनाव, चिंता और किसी भी अन्य नकारात्मक भावनाओं से निपटने का एक तरीका बन गया जो आग्रह को ट्रिगर कर सकता है। चाहे वह वजन उठाना हो, दौड़ना हो या योग का अभ्यास करना हो, शारीरिक गतिविधि ने मेरी भावनाओं को नियंत्रित करने में मदद की और मुझे ध्यान केंद्रित करने के लिए कुछ सकारात्मक दिया।

यह क्यों काम करता है: आदत को किसी स्वस्थ चीज़ से बदलना आपके मस्तिष्क को फिर से जोड़ने की कुंजी है। जब आपका मस्तिष्क पोर्न से डोपामाइन बढ़ाने का आदी हो जाता है, तो आपको उसे किसी सकारात्मक चीज़ से बढ़ावा पाने के लिए फिर से प्रशिक्षित करना होगा - कुछ ऐसा जो आपको तोड़ने के बजाय आपको बनाए।

चरण 4: सचेतनता और आत्म-करुणा

पोर्न की लत को रोकने के लिए मैंने जिन सबसे महत्वपूर्ण साधनों का इस्तेमाल किया, उनमें से एक माइंडफुलनेस था। सिर्फ़ इच्छा पर प्रतिक्रिया करने के बजाय, मैंने बिना किसी निर्णय के उसका निरीक्षण करना सीखा। माइंडफुलनेस ने मुझे सिखाया कि इच्छा को एक गुज़रते हुए विचार के रूप में स्वीकार करना चाहिए, न कि उस पर काम करना चाहिए।

आत्म-करुणा पहेली का एक और बड़ा हिस्सा थी। मैं हर बार जब भी दोबारा लत में पड़ता, तो खुद को कोसता। अपराधबोध और शर्म बढ़ती जाती, जिससे समस्या और भी बड़ी लगने लगती। लेकिन मुझे एहसास हुआ कि आत्म-निर्णय केवल लत को बढ़ाता है। जब मैं कोई गलती करता, तो मैं खुद के साथ दयालुता से पेश आता और खुद को याद दिलाता कि यह एक यात्रा है।

यह क्यों काम करता है: माइंडफुलनेस आपको अपने विचारों और भावनाओं को नियंत्रित किए बिना उनका निरीक्षण करने में मदद करती है। आत्म-करुणा आपको अपराधबोध या शर्मिंदगी में डूबे बिना असफलताओं से उबरने में मदद करती है।

चरण 5: स्पष्ट लक्ष्य निर्धारित करें और अपनी प्रगति को ट्रैक करें

मेरे लिए ट्रैक पर बने रहने का सबसे प्रभावी तरीका स्पष्ट, कार्रवाई योग्य लक्ष्य निर्धारित करना था। सिर्फ़ यह कहने के बजाय कि, "मैं पोर्न छोड़ने जा रहा हूँ," मैंने इसे छोटे, प्रबंधनीय मील के पत्थरों में तोड़ दिया। मैंने पोर्न के बिना 24 घंटे से शुरुआत की, फिर 3 दिन, फिर एक हफ़्ते। जब भी मैं किसी लक्ष्य तक पहुँचता, मैं उसका जश्न मनाता, चाहे वह कितना भी छोटा क्यों न हो।

अपनी प्रगति को ट्रैक करने से मेरा ध्यान उन सकारात्मक बदलावों पर केंद्रित रहा जो मैं कर रहा था, न कि उन समयों पर जब मैं फिसल गया था। इससे मुझे यह देखने में मदद मिली कि मैं वास्तव में आगे बढ़ रहा था, तब भी जब चीजें कठिन लग रही थीं।

यह क्यों काम करता है: जब आप लक्ष्य निर्धारित करते हैं और अपनी प्रगति पर नज़र रखते हैं, तो आप गति बनाते हैं। हर जीत, चाहे कितनी भी छोटी क्यों न हो, इस बात का सबूत बन जाती है कि आप आगे बढ़ते रह सकते हैं।

चरण 6: जवाबदेही और समर्थन

जब मैंने अकेले ऐसा करने की कोशिश की, तो मैंने खुद को अलग-थलग और असुरक्षित पाया। लेकिन एक बार जब मैंने अपने संघर्ष के बारे में किसी से खुलकर बात करना शुरू किया, तो इससे बहुत फर्क पड़ा। चाहे वह कोई करीबी दोस्त हो, कोई सहायता समूह हो, या कोई सलाहकार हो, मेरे सफ़र के बारे में जानने वाला कोई व्यक्ति हो और जिससे मैं बात कर सकूं, इससे प्रतिबद्ध रहना बहुत आसान हो गया।

जवाबदेही का मतलब सिर्फ़ यह बताना नहीं है कि आपने कब गलती की है; इसका मतलब है कोई ऐसा व्यक्ति होना जो आपको कमज़ोर महसूस होने पर आपकी ताकत की याद दिला सके। यह कोई ऐसा व्यक्ति है जो आपको प्रोत्साहन, दृष्टिकोण और यह भरोसा दे सकता है कि आप अकेले नहीं हैं।

यह क्यों काम करता है: जवाबदेही आपको जुड़ाव और जिम्मेदारी का एहसास दिलाती है। जब आपको पता हो कि कोई आपका साथ दे रहा है, तो दोबारा लत में पड़ना मुश्किल होता है।

चरण 7: रिलैप्स के लिए तैयार रहें–और उनसे सीखें

रिलैप्स प्रक्रिया का हिस्सा हैं। मैं इसे मीठा नहीं बनाना चाहता–ऐसे समय आएंगे जब आप गलती करेंगे। इन रिलैप्स को अपनी यात्रा के अंत के रूप में नहीं बल्कि सीखने के अवसर के रूप में देखना महत्वपूर्ण है। हर बार जब मैं रिलैप्स हुआ, तो मैंने सबक तलाशने की कोशिश की। मुझे किस बात ने प्रेरित किया? अगली बार मैं क्या अलग कर सकता हूँ?

यह प्रगति के बारे में है, पूर्णता के बारे में नहीं। प्रत्येक रिलैप्स खुद को, अपने ट्रिगर्स और अपनी ज़रूरतों को बेहतर ढंग से समझने का एक अवसर था।

यह क्यों काम करता है: जब आप असफलताओं के लिए तैयार रहते हैं और उन्हें सबक के रूप में देखते हैं, तो आप उन्हें अपनी प्रगति को पटरी से उतारने नहीं देते। इसके बजाय, आप उन्हें स्थायी परिवर्तन के मार्ग पर कदम रखने के रूप में उपयोग करते हैं।

चरण 8: हर दिन आत्म-अनुशासन का अभ्यास करें

अनुशासन का मतलब खुद को अनुपालन के लिए मजबूर करना नहीं है; इसका मतलब है पोर्न के अस्थायी आनंद के बजाय लगातार अपना भविष्य चुनना। हर दिन, मैंने अपने मनचाही ज़िंदगी बनाने के लिए काम करने का सचेत निर्णय लिया। यह हमेशा आसान नहीं था, लेकिन जितना अधिक मैंने आत्म-अनुशासन का अभ्यास किया, पोर्न को न कहना उतना ही आसान हो गया।

यह क्यों काम करता है: आत्म-अनुशासन एक मांसपेशी की तरह है - जितना अधिक आप इसका उपयोग करेंगे, यह उतना ही मजबूत होता जाएगा। आप जितनी अधिक स्वस्थ आदतें अपनाएँगे, पोर्न का आप पर उतना ही कम प्रभाव होगा।

निष्कर्ष

पोर्न की लत से छुटकारा पाना आसान नहीं है। लेकिन यह असंभव भी नहीं है। इच्छा को पहचानकर, ट्रिगर्स की पहचान करके, पुरानी आदतों को बदलकर, माइंडफुलनेस का अभ्यास करके, सहायता मांगकर और असफलताओं के लिए तैयार होकर, आप अपने जीवन पर नियंत्रण हासिल कर सकते हैं। यह एक प्रक्रिया है, और यह ऐसी प्रक्रिया है जिसे आप पूरी तरह से अपना सकते हैं।

इसे एक दिन में एक बार लें। अपनी जीत का जश्न मनाएँ, चाहे वह कितनी भी छोटी क्यों न हो। और याद रखें: आप इच्छाओं से ज़्यादा मज़बूत हैं। आप नियंत्रण में हैं। आगे बढ़ते रहें, और आज़ादी आपकी होगी।

5

पोर्न की लत की जंजीरें तोड़ना

पोर्न से मुक्ति

लत के पीछे का विज्ञान: पोर्न देखना छोड़ना इतना मुश्किल क्यों है?

जब पोर्न छोड़ने की बात आती है, तो कई पुरुषों को एक कठिन संघर्ष का सामना करना पड़ता है। यह केवल इच्छाशक्ति या आत्म-अनुशासन का मामला नहीं है - यह हमारे दिमाग के काम करने के तरीके के बारे में है। लत का विज्ञान यह समझाने में मदद कर सकता है कि पोर्न छोड़ना इतना कठिन क्यों है और इससे मुक्त होने के लिए लगातार संघर्ष क्यों करना पड़ता है। लत के मूल में डोपामाइन है, आपके मस्तिष्क में एक रसायन जो आनंद और पुरस्कार की भावनाओं के लिए जिम्मेदार है। जब आप पोर्न देखते हैं, तो आपका मस्तिष्क डोपामाइन का एक बड़ा हिस्सा छोड़ता है, जिससे संतुष्टि की तीव्र भावना पैदा होती है। यह उत्तेजना वैसी ही होती है जैसी तब होती है जब आप अपना पसंदीदा खाना खाते हैं, व्यायाम करते हैं या कुछ महत्वपूर्ण हासिल करते हैं। समस्या यह है कि पोर्न आपको कृत्रिम और अत्यधिक डोपामाइन बढ़ावा देता है, जो लालसा का एक चक्र स्थापित करता है। आपका मस्तिष्क पोर्न को आनंद से जोड़ना शुरू कर देता है, जिससे बार-बार इसकी और इच्छा होती है। लेकिन यहाँ एक समस्या है: समय के साथ, मस्तिष्क अनुकूलन करना शुरू कर देता है। जितना अधिक आप पोर्न का उपयोग करते हैं, उतना ही आपके मस्तिष्क को समान पुरस्कार पाने के लिए उसी तीव्र उत्तेजना की आवश्यकता होती है। इसे सहनशीलता के रूप में जाना जाता है

- और यही कारण है कि आप खुद को अधिक देखते हुए, अधिक चरम सामग्री की तलाश करते हुए, या ऐसा महसूस करते हुए पा सकते हैं कि संतुष्टि अब और नहीं रह गई है। इसे रोकना कठिन हो जाता है क्योंकि मस्तिष्क नशे की लालसा के लिए तैयार हो जाता है। पोर्न से मुक्त होना केवल एक आदत को छोड़ने के बारे में नहीं है - यह आपके मस्तिष्क को ट्रिगर्स और लालसाओं पर अलग तरह से प्रतिक्रिया करने के लिए फिर से तैयार करने के बारे में है। इस प्रक्रिया में समय और प्रयास लगता है, लेकिन सही दृष्टिकोण से यह पूरी तरह से संभव है। एक बहु-चरणीय दृष्टिकोण: आत्म-जागरूकता, आदत प्रतिस्थापन, और भावनात्मक विनियमन पोर्न छोड़ने की यात्रा एक बहु-चरणीय प्रक्रिया है, और लत के पीछे के विज्ञान को समझना बस शुरुआत है। सफलतापूर्वक छोड़ने के लिए, आपको इसे इस तरह से अपनाने की ज़रूरत है जो लत के मानसिक और भावनात्मक दोनों पहलुओं को संबोधित करे। यहाँ पालन करने के लिए एक सरल रूपरेखा है:

1. **आत्म-जागरूकता**: किसी भी आदत को तोड़ने का पहला कदम इसके बारे में जागरूक होना है। आपको यह पहचानने की ज़रूरत है कि आप कब और क्यों पोर्न की ओर रुख करते हैं। क्या यह तनाव, ऊब, अकेलेपन या किसी और चीज़ से प्रेरित है? जब आप किसी चीज़ के लिए ललचाएँ तो अपने विचारों और भावनाओं पर नज़र रखें। जागरूकता ही बदलाव की नींव है - यह समझने के बारे में है कि जब इच्छा होती है तो आपके दिमाग और शरीर में क्या हो रहा है।

2. **आदत बदलना**:

एक बार जब आप ट्रिगर्स के बारे में जान जाते हैं, तो आप पोर्न देखने की आदत को स्वस्थ गतिविधियों से बदलना शुरू कर सकते हैं। सिर्फ़ इसे बंद करना ही काफी नहीं है। आपको नई दिनचर्या, शौक और रुचियाँ बनाने की ज़रूरत है जो आपको संतुष्टि और आनंद की वही भावना दें। चाहे वह व्यायाम हो,

रचनात्मक परियोजनाएँ हों, पढ़ना हो या प्रियजनों के साथ समय बिताना हो, ऐसी गतिविधियाँ खोजें जो आपको तनाव से निपटने में मदद करें और आपको खुशी दें।

3. भावनात्मक विनियमन:

पोर्न छोड़ने का सबसे कठिन हिस्सा इसके साथ आने वाले भावनात्मक उतार-चढ़ाव को संभालना है। पोर्न अक्सर चिंता, शर्म या उदासी जैसी नकारात्मक भावनाओं से बचने का एक तरीका होता है। जब आप पोर्न के साथ मुकाबला करने के तरीके को हटा देते हैं, तो आपको उन भावनाओं से निपटने के नए तरीके विकसित करने की आवश्यकता होती है। भावनात्मक विनियमन असुविधा के साथ बैठना और अपनी भावनाओं को संसाधित करने के स्वस्थ तरीके खोजने के बारे में है। इसमें माइंडफुलनेस का अभ्यास करना, जर्नलिंग करना या बिना तुरंत प्रतिक्रिया किए खुद को महसूस करने की अनुमति देना शामिल हो सकता है।

लालसाओं को नियंत्रित करना और पुनरावृत्ति से बचना: चरण-दर-चरण मार्गदर्शन

लालसा तो होगी ही। यह एक तथ्य है। उनके लिए तैयार रहना महत्वपूर्ण है, ताकि जब वे उठें तो आप पराजित महसूस न करें। लालसा को नियंत्रित करने और पुनरावृत्ति से बचने में आपकी मदद करने के लिए यहां कुछ सरल, कार्रवाई योग्य कदम दिए गए हैं:

1. रुकें और सांस लें:

जब आपको पोर्न देखने की इच्छा हो, तो आप जो कर रहे हैं उसे रोकें और कुछ गहरी साँस लें। धीरे-धीरे साँस लें, रोकें और फिर साँस छोड़ें। यह आपके तंत्रिका तंत्र को शांत करने में मदद करता है और आपको लालसा को रोकने के लिए एक पल देता है।

2. अपना वातावरण बदलें:

लालसा अक्सर तब उठती है जब हम कुछ खास जगहों या स्थितियों में होते हैं। यदि आप अकेले, थके हुए या ऊबे हुए हैं, तो पोर्न देखने का प्रलोभन अधिक मजबूत हो सकता है। अपना वातावरण बदलें: टहलने जाएं, नाश्ता करें, या ऐसा कुछ करें जो आपका ध्यान भटकाए और आपको स्थिति से बाहर निकाले।

3. अपने दिमाग को व्यस्त रखें:

लालसा को खत्म करने का सबसे अच्छा तरीका है अपना ध्यान दूसरी ओर लगाना। कोई किताब उठाएँ, कोई प्रेरणादायक वीडियो देखें या किसी दोस्त को कॉल करें। लक्ष्य कुछ ऐसा करना है जो आपका ध्यान आकर्षित करे और आपको प्रलोभन से दूर खींचे।

4. अपने "क्यों" का उपयोग करें:

याद रखें कि आप सबसे पहले क्यों छोड़ रहे हैं। उन कारणों की अपनी सूची की समीक्षा करें कि आप पोर्न से क्यों मुक्त होना चाहते हैं। जब आपको फिर से लत लगने की इच्छा महसूस हो, तो अपने आप को बड़ी तस्वीर याद दिलाएँ- आपका स्वास्थ्य, आपके रिश्ते, आपका भविष्य। प्रेरित रहने के लिए उस दृष्टिकोण को ध्यान में रखें।

5. जवाबदेही प्राप्त करें:

इसे अकेले करने की कोशिश न करें। किसी ऐसे व्यक्ति को खोजें जिस पर आप भरोसा करते हों- चाहे वह कोई सलाहकार हो, कोई चिकित्सक हो या कोई सहायता समूह हो- और नियमित रूप से जाँच करें। कोई ऐसा व्यक्ति होना जो आपको जवाबदेह ठहराए, पुरानी आदतों में वापस जाना कठिन बनाता है।

माइंडफुलनेस, ध्यान और आत्म-चिंतन: उपचार के लिए उपकरण

माइंडफुलनेस और मेडिटेशन शक्तिशाली उपकरण हैं जो आपको छोड़ने की अपनी यात्रा के दौरान स्थिर रहने में मदद कर सकते हैं। ये अभ्यास आपको आत्म-जागरूकता बनाने, अपनी भावनाओं को नियंत्रित करने और लालसाओं को प्रबंधित करने में मदद करते हैं।

· माइंडफुलनेस बिना किसी निर्णय के, पल में पूरी तरह से मौजूद रहने का अभ्यास है। यह आपको अपने विचारों और भावनाओं के बारे में अधिक जागरूक बनने में मदद करता है, और आपको उनमें फंसने के बिना उनका निरीक्षण करने की अनुमति देता है। जब आपको पोर्न देखने की इच्छा महसूस होती है, तो माइंडफुलनेस आपको रुकने और उस पर प्रतिक्रिया किए बिना लालसा को नोटिस करने में मदद कर सकती है। यह आपको चुनाव का एक पल देता है - यह तय करने की क्षमता कि इच्छा पर कार्य करना है या नहीं।

· मेडिटेशन एक ऐसा अभ्यास है जो आपको अपने दिमाग को ध्यान केंद्रित करने और अपने विचारों को शांत करने के लिए प्रशिक्षित करने में मदद करता है। यहां तक कि हर दिन केवल कुछ मिनट का ध्यान तनाव को कम करने, फोकस में सुधार करने और आपके भावनात्मक लचीलेपन को बढ़ाने में मदद

कर सकता है। विशेष रूप से लत से उबरने पर केंद्रित निर्देशित ध्यान विशेष रूप से सहायक हो सकता है।

· उपचार के लिए आत्म-चिंतन आवश्यक है। जर्नलिंग या अपने विचारों और प्रगति पर चिंतन करने के लिए समय निकालना आपको ट्रैक पर बने रहने में मदद कर सकता है। अपनी यात्रा पर विचार करके, आप अपनी छोटी-छोटी जीत का जश्न मना सकते हैं और अपनी असफलताओं से सीख सकते हैं।

खाली समय की जगह नए शौक और रुचियाँ ढूँढना

जब आप पोर्नोग्राफी देखना छोड़ देते हैं, तो अक्सर आपके जीवन में एक खालीपन रह जाता है। आप जो समय पोर्नोग्राफी देखने में बिताते थे, उसे अब किसी और चीज़ से भरा जा सकता है - कुछ ऐसा जो आपके जीवन में वास्तविक मूल्य जोड़ता है। यह नए शौक, रुचियों और जुनून की खोज करने का एक शानदार अवसर है।

· **व्यायाम:**

शारीरिक गतिविधि तनाव को दूर करने और अपने मूड को बेहतर बनाने के सर्वोत्तम तरीकों में से एक है। चाहे वह दौड़ने जाना हो, वजन उठाना हो या योग करना हो, व्यायाम आपको एक प्राकृतिक ऊर्जा देता है जो पोर्नोग्राफी से मिलने वाले डोपामाइन रश की जगह ले सकता है।

· **रचनात्मक गतिविधियाँ:**

कुछ रचनात्मक करें, जैसे पेंटिंग, लिखना, संगीत बजाना या फ़ोटोग्राफ़ी। रचनात्मक शौक न केवल पुरस्कृत करने वाले होते हैं, बल्कि वे आपको खुद को उन तरीकों से व्यक्त करने में भी मदद करते हैं जो आपके आत्मविश्वास और उद्देश्य की भावना को बढ़ाते हैं।

· सामाजिक गतिविधियाँ:

परिवार और दोस्तों के साथ अधिक समय बिताएँ। मजबूत संबंध बनाना और सार्थक बातचीत का आनंद लेना आपको अधिक संतुष्ट और कम अलग-थलग महसूस करने में मदद करेगा।

· व्यक्तिगत विकास:

इस समय का उपयोग खुद को बेहतर बनाने के लिए करें। किताबें पढ़ें, ऑनलाइन कोर्स करें या नए कौशल विकसित करने पर काम करें। यह आपके लिए उस व्यक्ति में निवेश करने का मौका है जो आप बनना चाहते हैं।

जवाबदेही की शक्ति – समर्थन पाना

पोर्नोग्राफी छोड़ना ऐसा काम नहीं है जो आपको अकेले ही करना चाहिए। जवाबदेही होने से बहुत फ़र्क पड़ सकता है। चाहे आप किसी मेंटर, थेरेपिस्ट या सहायता समूह की ओर रुख करें, अपने संघर्षों और जीत को किसी और के साथ साझा करने से आप सही रास्ते पर बने रहेंगे।

· मेंटर:

मेंटर वह व्यक्ति होता है जो आपके रास्ते पर चल चुका होता है। जब आप अपनी चुनौतियों से निपटते हैं तो वे मार्गदर्शन, सहायता और प्रोत्साहन दे सकते हैं।

· थेरेपिस्ट:

थेरेपिस्ट आपकी लत के भावनात्मक और मनोवैज्ञानिक पहलुओं को गहराई से समझने में आपकी मदद कर सकते हैं। वे आपके ट्रिगर्स का

पता लगाने और उपचार के लिए रणनीतियाँ विकसित करने के लिए एक सुरक्षित स्थान प्रदान करते हैं।

- **सहायता समूह**:

ऑनलाइन और व्यक्तिगत रूप से कई सहायता समूह हैं जो पुरुषों को पोर्नोग्राफी छोड़ने में मदद करने पर ध्यान केंद्रित करते हैं। ये समूह समुदाय की भावना प्रदान करते हैं, जहाँ आप अपने अनुभव साझा कर सकते हैं और उन लोगों से सीख सकते हैं जो उसी यात्रा से गुज़र रहे हैं।

अपने मस्तिष्क को पुनः व्यवस्थित करना: स्थिरता, अनुशासन और छोटी-छोटी जीतें

अपने मस्तिष्क को फिर से जोड़ना एक ऐसी प्रक्रिया है जिसमें समय लगता है। लेकिन लगातार अभ्यास, अनुशासन और छोटी-छोटी जीत पर ध्यान केंद्रित करके, आप स्थायी बदलाव ला सकते हैं। हर बार जब आप पोर्नोग्राफ़ी को "नहीं" कहने का निर्णय लेते हैं, तो आप अगली बार विरोध करने की अपनी क्षमता को मजबूत करते हैं। हर दिन जब आप प्रतिबद्ध रहते हैं, तो आपका मस्तिष्क अनुकूलन करना शुरू कर देता है। लालसा कमज़ोर हो जाएगी, प्रलोभन कम हो जाएगा, और आप अधिक नियंत्रण में महसूस करेंगे।

याद रखें, बदलाव रातों-रात नहीं होता। लेकिन अगर आप अपनी योजना पर टिके रहते हैं, नई आदतों का अभ्यास करते हैं, और जवाबदेह बने रहते हैं, तो आप वास्तविक परिवर्तन देखना शुरू कर देंगे। और प्रत्येक छोटी जीत उस जीवन के करीब एक कदम है जिसे आप जीना चाहते हैं।

निष्कर्ष: शक्ति आपके हाथों में है

पोर्नोग्राफी छोड़ने का रास्ता चुनौतीपूर्ण है, लेकिन यह अविश्वसनीय रूप से फायदेमंद भी है। लत के पीछे के विज्ञान को समझकर, माइंडफुलनेस का अभ्यास करके, नई आदतें विकसित करके और जवाबदेह बने रहकर, आप खुद को सफल होने के लिए उपकरण दे रहे हैं। आपके पास अपने मस्तिष्क को फिर से जोड़ने और अपने जीवन को पुनः प्राप्त करने की शक्ति है। यात्रा आज से शुरू होती है। एक बार में एक कदम उठाएँ, और भरोसा रखें कि आप जितना सोचते हैं उससे कहीं अधिक करने में सक्षम हैं।

कार्रवाई: पोर्नोग्राफी की लत की जंजीरों को तोड़ना

जब मैं पोर्नोग्राफी की लत के चक्र में फंसी हुई थी, तो मैं उस दिन का इंतजार करती रही जब मैं जादुई तरीके से अपनी लालसाओं, शर्म और लत के आकर्षण से मुक्त होकर जाग जाऊंगी। लेकिन वह दिन तब तक नहीं आया जब तक मैंने वास्तविक कार्रवाई नहीं की। मुझे एक विकल्प चुनना था। मुझे अपनी खुद की रिकवरी की जिम्मेदारी लेनी थी। और मुझे काम करना था। पोर्नोग्राफी छोड़ना केवल इच्छाशक्ति के बारे में नहीं है; यह व्यावहारिक कदम उठाने के बारे में है जो आपको सफलता के लिए तैयार करते हैं। यह नई आदतें बनाने, भावनाओं को प्रबंधित करने और लालसाओं से निपटने के लिए स्वस्थ तरीके खोजने के बारे में है। यह अपने आप को सही लोगों के साथ घेरने और एक सहायता प्रणाली बनाने के बारे में भी है। मैं आपको अनुभव से बता सकता हूँ, इससे मुक्त होना संभव है। मैं आपको उन कार्य चरणों के बारे में बताता हूँ जिन्होंने मुझे मदद की - और जो आपको स्थायी परिवर्तन करने में मदद कर सकते हैं।

1. मैं कौन सी नई आदतें अपना सकता हूँ? पोर्नोग्राफी की लत से छुटकारा पाने के लिए सबसे मुश्किल कामों में से एक है, जब मैं ऊब जाता हूँ, तनाव में होता हूँ या उदास महसूस करता हूँ, तो मैं इसकी ओर आकर्षित हो जाता हूँ। मुझे उन पुरानी आदतों को स्वस्थ आदतों से बदलना पड़ा। यह कोई त्वरित समाधान नहीं है; यह आपके मस्तिष्क को पुनः प्रोग्रामिंग करने की एक दीर्घकालिक रणनीति है। यहाँ बताया गया है कि मेरे लिए क्या कारगर रहा:

• सुबह की दिनचर्या:

मैंने हर सुबह कुछ उत्पादक काम करके शुरू किया। यह मेरा बिस्तर बनाना या एक गिलास पानी पीना जैसा कुछ भी हो सकता है। सुबह की एक स्पष्ट दिनचर्या होने से मुझे शुरू से ही उपलब्धि का अहसास होता था और मुझे अपने दिन पर नियंत्रण महसूस करने में मदद मिलती थी।

• व्यायाम:

मैंने अपनी दिनचर्या में शारीरिक गतिविधि को शामिल किया। चाहे वह सुबह की सैर हो, पुश-अप्स के कुछ सेट हों या बस स्ट्रेचिंग हो, व्यायाम उस ऊर्जा के लिए एक स्वस्थ आउटलेट बन गया जो पहले पोर्नोग्राफी देखने में खर्च होती थी। इसने मेरे मूड को नियंत्रित करने और तनाव को कम करने में भी मदद की।

• माइंडफुलनेस अभ्यास:

मैंने माइंडफुलनेस मेडिटेशन का अभ्यास करना शुरू किया। हर दिन बस कुछ मिनट बिताने से मुझे अपने विचारों और भावनाओं के बारे में ज़्यादा जागरूक होने में मदद मिली, बिना उन पर काम किए। इसने मुझे रुकने, सोचने और बेहतर विकल्प चुनने की अनुमति दी, खासकर जब लालसाएँ हावी होती हैं।

· पढ़ना और सीखना:

मैंने अपने स्क्रीन टाइम को पढ़ने से बदल दिया। मैंने उन किताबों से शुरुआत की जो मुझे प्रेरित करती थीं, सेल्फ-हेल्प किताबें और ऐसी कोई भी चीज़ जो मुझे एक व्यक्ति के रूप में विकसित होने में मदद कर सकती थी। अपने दिमाग को सकारात्मक और

उत्पादक सामग्री से भरने से मुझे अधिक संतुष्टि महसूस हुई और राहत के लिए पोर्नोग्राफ़ी की ओर जाने की संभावना कम हो गई।

2. मैं अपनी भावनाओं को कैसे नियंत्रित कर सकता हूँ?

सबसे पहले पोर्नोग्राफ़ी की ओर रुख करने का एक सबसे बड़ा कारण भावनाओं से निपटना था - तनाव, अकेलापन, हताशा और यहाँ तक कि बोरियत। यह एक आसान पलायन था, लेकिन यह कभी भी स्थायी समाधान नहीं था। समय के साथ, मैंने सीखा कि मुक्त होने की कुंजी भावनाओं से बचना नहीं है, बल्कि उन्हें प्रबंधित करना सीखना है।

मैंने यह किया:

· भावनात्मक जागरूकता:

मैंने अपनी भावनाओं पर ध्यान देना शुरू किया। मैं खुद से पूछता, "मैं अभी क्या महसूस कर रहा हूँ?" और "मैं ऐसा क्यों महसूस कर रहा हूँ?" अक्सर, मुझे एहसास हुआ कि मैं उदास, तनावग्रस्त या चिंतित महसूस करने से बचने के लिए पोर्नोग्राफ़ी की ओर रुख कर रहा था। एक बार जब मैंने अपने ट्रिगर्स को पहचान लिया, तो मैं उनका सामना कर सकता था।

· जर्नलिंग:

अपने विचारों और भावनाओं को लिखना मेरी भावनाओं को संसाधित करने का एक तरीका बन गया। जब मैं अभिभूत महसूस करता, तो मैं कुछ मिनट जर्नल में बिताता। इससे मुझे पुरानी आदतों का सहारा लिए बिना कठिन भावनाओं से निपटने में मदद मिली।

· गहरी साँस लेना:

जब मुझे कोई लालसा महसूस होती थी या मैं नकारात्मक भावनाओं से अभिभूत होता था, तो मैं गहरी साँस लेने का अभ्यास करता था। चार सेकंड के लिए गहरी साँस लेना, चार सेकंड के लिए उसे रोकना और फिर चार सेकंड के लिए साँस छोड़ना मेरे शरीर और दिमाग को शांत करने में मदद करता था। इसने मुझे स्पष्ट रूप से सोचने और आवेगपूर्ण तरीके से कार्य न करने के लिए आवश्यक स्थान दिया।

3. मैं लालसाओं को कैसे नियंत्रित कर सकता हूँ?

लालसाएँ तो आती ही रहेंगी। यह एक तथ्य है। लेकिन मुझे एहसास हुआ कि लालसाएँ हमेशा के लिए नहीं रहतीं। मुझे उनके आने पर उनसे निपटने के लिए एक गेम प्लान बनाने की ज़रूरत थी। यहाँ बताया गया है कि मेरे लिए क्या कारगर रहा:

· रुकें और साँस लें:

जब कोई लालसा आती, तो मैं उससे लड़ने की कोशिश नहीं करता। मैं बस रुक जाता। मैं गहरी साँस लेता और खुद को याद दिलाता कि लालसाएँ अस्थायी हैं। मैं खुद से कहता, "यह भावना गुज़र जाएगी। मैं नियंत्रण में हूँ।"

· ध्यान भटकाना:

मैं किसी दिलचस्प चीज़ से अपना ध्यान भटकाता। मैं कोई किताब लेता, किसी दोस्त को फ़ोन करता या फिर बाहर टहलने चला जाता। मुख्य बात थी अपना ध्यान बदलना और अपनी ऊर्जा को पुनर्निर्देशित करना।

· सचेतन जागरूकता:

मैंने लालसाओं के दौरान भी सचेतनता का अभ्यास किया। मैं बिना किसी निर्णय के अपने शरीर और दिमाग में चल रही चीज़ों पर ध्यान देता। "मुझे पोर्नोग्राफ़ी देखने की इच्छा होती है। मैं बेचैन महसूस करता हूँ। मैं निराश महसूस करता हूँ।" बिना किसी प्रतिक्रिया के सिर्फ़ लालसा को स्वीकार करने से इसे प्रबंधित करना आसान हो गया।

· 10 तक गिनें:

मैंने एक सरल तरकीब अपनाई, जब भी मुझे लालसा हुई, मैंने 10 तक गिनना शुरू कर दिया। चीजों को धीमा करके और एक पल रुककर, मैंने खुद को कार्य करने से पहले सोचने का मौका दिया।

4. मैं कौन से नए शौक अपना सकता हूँ? पोर्नोग्राफी छोड़ने की सबसे बड़ी चुनौतियों में से एक यह थी कि इससे मेरे पास खाली समय बचता था। मुझे एहसास हुआ कि मुझे पोर्नोग्राफी देखने में बिताए जाने वाले घंटों को किसी उत्पादक, संतुष्टिदायक और आनंददायक चीज़ से बदलने की ज़रूरत है। यहीं से नए शौक काम आए। मैंने ये किया:

• **व्यायाम:** मैंने पहले भी इसका ज़िक्र किया था, लेकिन इसे दोहराना ज़रूरी है। व्यायाम मेरा पसंदीदा शौक था। इससे न केवल मेरा शारीरिक स्वास्थ्य बेहतर हुआ, बल्कि इससे मेरा मानसिक स्वास्थ्य भी बेहतर हुआ और मुझे एक प्राकृतिक उत्साह मिला जिसने मुझे पोर्नोग्राफी से दूर रखा।

• **रचनात्मक गतिविधियाँ:** मैंने पेंटिंग, लेखन और गिटार बजाना शुरू किया। इन रचनात्मक गतिविधियों ने मुझे उपलब्धि का अहसास कराया और मुझे स्वस्थ तरीके से भावनाओं को व्यक्त करने में मदद की। यह आश्चर्यजनक था कि जब मुझे एहसास हुआ कि मैं अपने हाथों से कुछ सुंदर बना सकता हूँ तो मेरा आत्म-सम्मान कितना बढ़ गया।

• **सीखना और विकास:** मैंने किताबें पढ़ना, ऑनलाइन पाठ्यक्रम लेना और शैक्षिक वीडियो देखना शुरू किया। इन शौक ने मुझे उद्देश्य दिया और मुझे ऐसा महसूस कराया कि मैं समय बर्बाद करने के बजाय खुद में निवेश कर रहा हूँ।

· सामाजिकता:

मैंने दोस्तों और परिवार के साथ ज़्यादा समय बिताने का फ़ैसला किया। हम सभी को जुड़ाव की ज़रूरत होती है, और ऐसे लोगों के आस-पास रहने से जो मेरी परवाह करते हैं, मुझे समर्थन और कम एकाकीपन महसूस करने में मदद मिली।

5. जवाबदेही भागीदार के रूप में मेरा कौन हो सकता है?

मैं इस बात पर जितना ज़ोर दे सकता हूँ, उतना कम है - जवाबदेही एक गेम-चेंजर है। इस यात्रा में किसी ऐसे व्यक्ति का समर्थन अमूल्य है जिस पर आप भरोसा करते हैं। मुझे पता था कि मैं यह अकेले नहीं कर सकता, इसलिए मैंने मदद के लिए हाथ बढ़ाया।

· मित्र या परिवार:

मैंने अपने एक करीबी दोस्त से अपनी बात कही जो जानता था कि मैं किस दौर से गुज़र रहा हूँ। वह मेरा जवाबदेही भागीदार बन गया, कोई ऐसा व्यक्ति जो नियमित रूप से मुझसे संपर्क करता था। यह जानना कि कोई मुझे जवाबदेह ठहरा रहा है, बहुत बड़ा अंतर पैदा करता है।

· चिकित्सक:

मैंने अपनी लत के पीछे भावनात्मक और मनोवैज्ञानिक कारणों का पता लगाने के लिए एक चिकित्सक के साथ काम किया। थेरेपी ने मुझे उन गहरी भावनाओं और पैटर्न को समझने में मदद की जिन्हें मैं अकेले नहीं कर सकता था।

· सहायता समूह:

मैंने पोर्नोग्राफ़ी की लत से जूझ रहे पुरुषों के लिए एक ऑनलाइन सहायता समूह में भी शामिल हुआ। इन समूहों ने समुदाय और समझ की भावना प्रदान की। मैं अपनी जीत और असफलताओं को दूसरों के साथ साझा कर सकता था जो वास्तव में समझते थे कि मैं किस दौर से गुज़र रहा था।

6. आत्म-अनुशासन में सुधार के लिए मैं कौन से व्यावहारिक कदम उठा सकता हूँ?

आत्म-अनुशासन बनाना मेरी रिकवरी का एक महत्वपूर्ण हिस्सा था। मुझे पता था कि मुक्त होने के लिए, मुझे मुश्किलों के बावजूद भी प्रतिबद्ध रहना होगा। यहाँ वे

व्यावहारिक कदम दिए गए हैं जिनका मैंने अपने आत्म-अनुशासन को बेहतर बनाने के लिए इस्तेमाल किया:

· स्पष्ट लक्ष्य निर्धारित करें:

मैंने विशिष्ट लक्ष्य निर्धारित किए, जैसे "मैं 30 दिन तक पोर्नोग्राफी नहीं देखूँगा।" स्पष्ट लक्ष्य होने से मुझे काम करने के लिए कुछ मिल गया। एक बार जब मैं एक लक्ष्य तक पहुँच जाता, तो मैं एक नया लक्ष्य निर्धारित करता। प्रत्येक सफलता ने मुझे आगे बढ़ने के लिए प्रेरित किया।

· दिनचर्या बनाएँ:

मैंने मजबूत, स्वस्थ दिनचर्या बनाई। मैंने आवेगपूर्ण निर्णयों के लिए कोई जगह नहीं छोड़ी। मेरी दैनिक दिनचर्या में व्यायाम, आत्म-चिंतन, काम और स्वस्थ अवकाश गतिविधियाँ शामिल थीं। दिनचर्या ने संरचना बनाई, जिससे अनुशासित रहना आसान हो गया।

· खुद को पुरस्कृत करें:

मैंने छोटी-छोटी जीत का जश्न मनाया। एक हफ़्ते तक पोर्नोग्राफी न देखने के बाद, मैंने खुद को कुछ खास दिया। चाहे वह मूवी नाइट हो या कोई नई किताब, खुद को पुरस्कार देने से मुझे प्रेरित रहने में मदद मिली।

· निरंतर बने रहें:

अनुशासन निरंतरता पर आधारित है। मैं अपने लक्ष्यों पर दिन-रात काम करता रहा, तब भी जब यह कठिन लगा। मुझे पता था कि हर छोटी-छोटी कार्रवाई स्थायी बदलाव लाती है।

निष्कर्ष: व्यावहारिक कार्रवाई की शक्ति

पोर्नोग्राफी की लत से मुक्त होना कोई आसान काम नहीं है, लेकिन मैं चाहता हूँ कि आप यह जान लें कि यह संभव है। यह आपको पीछे रखने वाली जंजीरों को तोड़ने के लिए व्यावहारिक, कार्रवाई योग्य कदम उठाने के बारे में है। नई आदतें अपनाने और भावनाओं को प्रबंधित करने से लेकर जवाबदेही बनाने और आत्म-अनुशासन में सुधार करने तक, आपके द्वारा उठाया गया हर कदम आपको उस जीवन के करीब लाता है जिसके आप हकदार हैं।

आपके पास वास्तविक परिवर्तन करने की शक्ति है। मैंने यह किया, और आप भी कर सकते हैं।

आज ही कार्रवाई करें। छोटी शुरुआत करें, लगातार बने रहें और प्रक्रिया पर भरोसा करें। आप पोर्नोग्राफी की लत की जंजीरों से मुक्त जीवन जीने में सक्षम हैं।

6

पोर्न के बाद अपने जीवन का पुनर्निर्माण

अपने जीवन का पुनर्निर्माण: यात्रा शुरू होती है

इस अंतिम अध्याय में, हम आपके जीवन के हर क्षेत्र में प्रामाणिक और आत्मविश्वास से जीने की परिवर्तनकारी शक्ति का पता लगाएंगे। पोर्न की लत पर काबू पाना केवल एक व्यवहार को रोकने के बारे में नहीं है। यह उन भावनात्मक घावों को भरने के बारे में है जो लत पीछे छोड़ जाती है। यह आत्म-मूल्य की अपनी भावना को फिर से हासिल करने, अपराध बोध और शर्म पर काबू पाने और खुद पर भरोसा फिर से बनाने के बारे में है। सच्ची आज़ादी का रास्ता शारीरिक कृत्य से परे है - यह भावनात्मक उपचार और उस जीवन से फिर से जुड़ने के बारे में है जिसे आप जीना चाहते हैं। मुझे यह पता है क्योंकि मैं उस रास्ते पर चला हूँ। जब मैंने पहली बार यह यात्रा शुरू की, तो मुझे न केवल अपनी लत में फंसा हुआ महसूस हुआ - मैं पूरी तरह से टूटा हुआ महसूस किया। मैंने खुद को चोट पहुंचाई, उन लोगों को निराश किया जो मेरी परवाह करते थे, और उस आदमी से संपर्क खो दिया जिसके बारे में मैं कभी उम्मीद करता था। इन घावों को भरने में समय, प्रयास और धैर्य लगा। लेकिन मैं आपके साथ वह साझा करना चाहता हूं जो मैंने सीखा है, ताकि आप भी अपने जीवन के पुनर्निर्माण की प्रक्रिया शुरू कर सकें।

1. आत्म-मूल्य पुनः प्राप्त करना

जब आप पोर्न के आदी होते हैं, तो आत्म-घृणा के चक्र में फंसना आसान होता है। अपराधबोध और शर्म आपको बेकार महसूस करा सकती है। मुझे लगा

कि मैं सफलता, प्यार या खुशी के लायक नहीं हूं। मुझे लगा कि मैं कमज़ोर हूं क्योंकि मैं अपनी इच्छाओं को नियंत्रित नहीं कर सकता। लेकिन यहाँ मैंने जो महसूस किया वह यह है:

लत आपकी कीमत को परिभाषित नहीं करती है।

ठीक होने का पहला कदम खुद को याद दिलाना है कि आप बदलाव के लायक हैं। आप खुशी, शांति और स्वस्थ जीवन के हकदार हैं। लेकिन इसकी शुरुआत फिर से अपने खुद के मूल्य पर विश्वास करने से होती है।

यहाँ बताया गया है कि किस चीज़ ने मेरी मदद की:

• आत्म-करुणा:

मैंने खुद के साथ दयालुता से पेश आना सीखा। पिछली गलतियों के लिए खुद को कोसने के बजाय, मैंने खुद को माफ़ कर दिया। ठीक होना तब शुरू होता है जब आप खुद के प्रति वैसी ही करुणा दिखाते हैं जैसी आप किसी ऐसे दोस्त के प्रति दिखाते हैं जो संघर्ष कर रहा है।

• सकारात्मक पुष्टि:

हर दिन, मैंने खुद से कुछ सकारात्मक कहा। यह पहले सरल था: "मैं प्यार के लायक हूँ। मैं बदलाव के लायक हूँ।" यह सुनने में भले ही छोटा लगे, लेकिन उन पुष्टियों ने मेरे मस्तिष्क को फिर से संगठित करना और मेरे आत्म-सम्मान को बढ़ाना शुरू कर दिया।

• पूर्णता पर नहीं, प्रगति पर ध्यान दें:

मैंने तुरंत पूर्णता की उम्मीद करना बंद कर दिया। मैंने छोटी-छोटी जीत का जश्न मनाया, यह जानते हुए कि वे समय के साथ बढ़ेंगी। आगे बढ़ाया गया हर कदम, चाहे कितना भी छोटा क्यों न हो, यह साबित करता था कि मैं बदलाव करने में सक्षम हूँ।

2. अपराध बोध और शर्म पर काबू पाना

अपराध बोध और शर्म दो सबसे शक्तिशाली भावनाएँ हैं जो लत से पैदा होती हैं। मैं लगातार अपने किए पर पछतावे और अपने किए पर शर्म से परेशान रहता था। यह सिर्फ़ लत के बारे में नहीं था - यह असफलता और अयोग्यता की भावनाएँ थीं जो इसके बाद आती थीं।

लेकिन अपराध बोध और शर्म से उबरने के लिए जो हुआ उसे स्वीकार करना, ज़िम्मेदारी स्वीकार करना और फिर खुद को माफ़ करना शामिल है। हाँ, आपने गलतियाँ की हैं। हाँ, आपने दूसरों को चोट पहुँचाई है। लेकिन इसका मतलब यह नहीं है कि आप सुधार से परे हैं।

मेरे लिए क्या कारगर रहा:

· दुख को स्वीकार करना:

मुझे इस सच्चाई का सामना करना पड़ा कि मेरी लत ने मेरे जीवन और मेरे आस-पास के लोगों के जीवन को कैसे प्रभावित किया है। यह आसान नहीं था, लेकिन इससे मुझे खुद को दोषी ठहराए बिना अपने कार्यों की जिम्मेदारी लेने में मदद मिली।

· पूर्णतावाद को छोड़ना:

मुझे यह स्वीकार करना पड़ा कि मैं अतीत को नहीं बदल सकता, और मुझे इस विचार को छोड़ना पड़ा कि मैं आगे बढ़ते हुए परिपूर्ण हो सकता हूँ। पूर्णता नहीं, प्रगति मेरा मंत्र बन गया।

· क्षमा मांगना:

जब भी संभव हुआ, मैंने दूसरों से क्षमा मांगी। मुझे उनसे अतीत को मिटाने की उम्मीद नहीं थी, लेकिन माफ़ी मांगना मेरी उपचार प्रक्रिया का एक हिस्सा था। इससे अपराध बोध के बोझ से कुछ राहत मिली और मैं ईमानदारी के साथ आगे बढ़ सका।

3. खुद पर भरोसा फिर से बनाना

नशे की लत के बाद खुद पर भरोसा फिर से बनाना सबसे मुश्किल कामों में से एक है। जब आप खुद से किए गए वादों को बार-बार तोड़ते हैं, तो यह विश्वास करना मुश्किल होता है कि आप वास्तव में बदल सकते हैं। मैंने छोड़ने के लिए बहुत सारे वादे किए थे, लेकिन फिर से पुरानी आदतों में फंस गया। लेकिन खुद पर भरोसा फिर से हासिल करना संभव है।

मैंने यह कैसे किया:

· छोटी जीत:

हर बार जब मैंने खुद से कोई वादा पूरा किया, चाहे वह कितना भी छोटा क्यों न हो, मैंने उसका जश्न मनाया। समय के साथ, उन छोटी जीतों ने मेरा आत्मविश्वास बढ़ाया और मुझे याद दिलाया कि मैं अपने वचन पर कायम रहने में सक्षम हूं।

· सीमाएँ तय करना:

मैंने अपने लिए स्पष्ट सीमाएँ तय कीं - शारीरिक और मानसिक दोनों तरह से। मैंने ऐसी स्थितियों से परहेज किया जो मेरी लालसा को बढ़ावा देतीं और खुद को उन लक्ष्यों की याद दिलाती रहीं जो मैंने तय किए थे। जब मैं अपनी सीमाओं पर टिका रहा, तो मैंने खुद पर फिर से भरोसा करना शुरू कर दिया।

· निरंतरता

खुद पर भरोसा करने का मतलब है दिन-ब-दिन खुद के लिए सामने आना। यह एक सुसंगत दिनचर्या बनाने के बारे में है जो बदलाव के प्रति आपकी प्रतिबद्धता को मजबूत करती है। समय के साथ, निरंतरता उस भरोसे को फिर से बनाने में मदद करेगी।

4. क्षतिग्रस्त रिश्तों को फिर से जोड़ना

नशे की लत का सबसे मुश्किल हिस्सा उन रिश्तों को नुकसान पहुंचाना है जो सबसे ज़्यादा मायने रखते हैं। परिवार, साथी, दोस्त - वे सभी इसके प्रभाव को महसूस करते हैं। और जब उन रिश्तों को सुधारने की बात आती है तो यह जानना मुश्किल होता है कि शुरुआत कहाँ से की जाए। लेकिन यह संभव है, और मैं साझा करना चाहता हूँ कि मैंने यह कैसे किया।

यहाँ बताया गया है कि इससे मुझे क्या मदद मिली:

· **ईमानदार संचार**:

मैंने अपने संघर्षों के बारे में ईमानदार होकर शुरुआत की। मैंने बहाने नहीं बनाए, और मैंने स्थिति को कमतर आंकने की कोशिश नहीं की। मैंने अपने प्रियजनों को बताया कि मैं किस दौर से गुज़र रहा था और उनसे समर्थन माँगा। यह ईमानदारी कठिन थी, लेकिन इससे विश्वास को फिर से बनाने में मदद मिली।

· **जवाबदेही**:

मैंने न केवल अपने प्रति, बल्कि अपने प्रियजनों के प्रति भी जवाबदेह होने पर काम किया। मैंने उन्हें अपनी प्रगति, असफलताओं और अपनी रिकवरी को कैसे संभाल रहा हूँ, के बारे में सूचित रखा। इससे उन्हें पता चला कि मैं बदलाव के बारे में गंभीर हूँ।

· **धैर्य**:

रिश्तों को फिर से बनाने में समय लगता है। मुझे खुद के साथ और दूसरों के साथ धैर्य रखना पड़ा। उपचार तुरंत नहीं हुआ, और मुझे वह विश्वास वापस पाना था जो मैंने खो दिया था।

· नई सीमाएँ निर्धारित करना:

मैंने अपने रिश्तों की रक्षा के लिए नई सीमाएँ निर्धारित करना सुनिश्चित किया। इसका मतलब था खुले संचार के लिए जगह बनाना, भावनात्मक रूप से उपलब्ध होना, और ऐसी स्थितियों से बचना जो आगे चलकर नुकसान पहुँचा सकती थीं।

5. स्वस्थ, सार्थक संबंध बनाना

जैसे-जैसे मैं ठीक होता गया, मुझे एहसास हुआ कि मेरे दोस्तों की संख्या से ज़्यादा मेरे रिश्तों की गुणवत्ता मायने रखती है। मैंने उन रिश्तों को प्राथमिकता देना शुरू किया जो मेरे अंदर सबसे अच्छा लाए और मुझे मेरा असली रूप बनने की अनुमति दी।

· एक सहायता नेटवर्क बनाना:

मैंने खुद को ऐसे लोगों से घेर लिया जो मेरी पुरानी आदतों को बढ़ावा देने के बजाय मेरे विकास को प्रोत्साहित करते थे। मैंने ऐसे गुरुओं, दोस्तों और समूहों की तलाश की जो मेरी यात्रा को समझते थे और मेरा समर्थन करने के लिए तैयार थे।

· भेद्यता:

मैंने खुद को दूसरों के साथ कमजोर होने दिया, अपने संघर्षों और जीत को साझा किया। इस तरह से खुलने से उन लोगों के साथ गहरे संबंध बने जो वास्तव में मेरी परवाह करते थे।

· **स्वस्थ संचार:**

मैंने सीखा कि अपनी ज़रूरतों, भावनाओं और सीमाओं को स्वस्थ तरीके से कैसे संप्रेषित किया जाए। इसने मुझे आगे बढ़ने के लिए मज़बूत, अधिक सार्थक संबंध बनाने की अनुमति दी।

6. अपने जुनून, सपनों और उद्देश्य से फिर से जुड़ना

पोर्न देखना छोड़ना सिर्फ़ एक बुरी आदत को तोड़ना नहीं था - यह उस व्यक्ति को फिर से खोजने के बारे में था जिसे मैंने इस दौरान खो दिया था। अपनी रिकवरी के दौरान, मैंने उन चीज़ों से फिर से जुड़ने के लिए समय निकाला जिन्हें मैं पहले पसंद करती थी।

मैंने सोचा कि मैं अपनी ज़िंदगी में क्या चाहती हूँ, लत से परे। मुझे वास्तव में किस चीज़ की परवाह थी? मुझे किस चीज़ से खुशी मिलती थी? मेरा उद्देश्य क्या था?

मैंने छोटी शुरुआत की:

· मैंने अपने पुराने जुनून को फिर से अपनाया: पेंटिंग, लेखन और संगीत। इन गतिविधियों को सालों से किनारे रखा गया था, लेकिन ये मेरी रिकवरी के दौरान संतुष्टि का एक शक्तिशाली स्रोत बन गईं।

· मैंने नए लक्ष्य निर्धारित किए: ये ऐसे लक्ष्य थे जिन्हें मैं हर दिन हासिल कर सकती थी। चाहे वह फिटनेस से संबंधित हो, करियर-केंद्रित हो या व्यक्तिगत विकास लक्ष्य, कुछ पाने के लिए प्रयास करने से मुझे प्रेरणा मिलती रही।

· मैंने अपनी यात्रा में अर्थ पाया: मुझे एहसास हुआ कि इस लत पर काबू पाना मेरे बड़े उद्देश्य का हिस्सा था। मैं उन लोगों की मदद करना चाहती थी जो संघर्ष कर रहे थे। उद्देश्य की यह भावना मेरे जीवन में प्रेरक शक्ति बन गयी।

7. नए लक्ष्य निर्धारित करना और भविष्य के लिए एक विजन बनाना

अब जब मुझे कुछ स्पष्टता मिल गई थी, तो मैंने अपने भविष्य के लिए एक विजन बनाया। मुझे पता था कि अगर मेरे पास स्पष्ट लक्ष्य नहीं होंगे, तो मैं पुराने पैटर्न में वापस आ जाऊँगा।

· मैंने दीर्घकालिक और अल्पकालिक लक्ष्य निर्धारित करना शुरू कर दिया। दीर्घकालिक लक्ष्यों ने मुझे आगे बढ़ने के लिए कुछ दिया, और अल्पकालिक लक्ष्यों ने मुझे गति दी।

· मैंने एक विजन बनाया कि मैं क्या बनना चाहता हूँ और क्या हासिल करना चाहता हूँ। इसने मुझे फोकस और दृढ़ संकल्प दिया। हर छोटा कदम एक बड़ी तस्वीर का हिस्सा था।

· मैंने सुनिश्चित किया कि मेरे लक्ष्य मेरे मूल्यों के अनुरूप हों - व्यक्तिगत विकास, परिवार और दूसरों की मदद करने जैसी चीजें।

8. दैनिक दिनचर्या का महत्व

आखिरकार, मुझे एहसास हुआ कि दीर्घकालिक रिकवरी के लिए दैनिक दिनचर्या महत्वपूर्ण थी। बिना संरचना के, मैं पुरानी आदतों में वापस आ जाता। मुझे एक ऐसा जीवन बनाना था जो हर दिन मेरी रिकवरी का समर्थन करता हो।

मेरी दिनचर्या इस प्रकार थी:

· सुबह की रस्में:

मैंने प्रत्येक दिन सुबह की रस्म से शुरुआत की जिसमें ध्यान, स्ट्रेचिंग और दिन के लिए अपने इरादे तय करना शामिल था।

- **लगातार आदतें**:

मैंने व्यायाम, पढ़ना और जर्नलिंग को अपने दिन का अनिवार्य हिस्सा बना लिया।

- **शाम का चिंतन**:

रात में, मैं अपने दिन पर चिंतन करता–क्या अच्छा हुआ, मैं क्या सुधार कर सकता हूँ, और मैं अपनी रिकवरी में कैसे प्रगति कर रहा हूँ।

अंतिम विचार

नशे की लत से उबरने के बाद अपने जीवन को फिर से बनाना एक प्रक्रिया है। यह आसान नहीं है, लेकिन यह इसके लायक है। आप अपने भावनात्मक घावों को ठीक कर सकते हैं, अपने रिश्तों को फिर से स्थापित कर सकते हैं और अपने उद्देश्य से फिर से जुड़ सकते हैं। यह आपके भविष्य के लिए एक नया रास्ता तय करने और सबसे महत्वपूर्ण बात, खुद से यह प्रतिबद्धता बनाने के बारे में है कि आप एक बेहतर जीवन के लायक हैं।

आप हमेशा जिस आदमी की तरह बनना चाहते थे, वह अभी भी आपके अंदर है। आपको बस इस पर विश्वास करने की ज़रूरत है - और उसे वापस पाने के लिए कदम उठाने की।

7

पोर्न से मुक्ति पाना

सच्ची मर्दानगी के बारे में सीखने की यात्रा

There is something powerful about reaching the point where you can उस बिंदु पर पहुँचना बहुत शक्तिशाली है जहाँ आप वास्तव में कह सकते हैं, "मैं आज़ाद हूँ।" सालों तक, पोर्न ने मेरे जीवन पर अपनी पकड़ बनाए रखी। इसने मेरे विकल्पों को आकार दिया, मेरे विचारों को धुंधला किया, और मुझे वह जीवन जीने से रोका जो मैं चाहता था। लेकिन आज, मैं यहाँ खड़ा हूँ - अपनी आज़ादी पर गर्व करता हूँ, अपने द्वारा बनाए गए लचीलेपन और अनुशासन पर गर्व करता हूँ, और उस व्यक्ति पर गर्व करता हूँ जो मैं बन गया हूँ।

इस अध्याय में, मैं साझा करूँगा कि मैंने पोर्न से अपनी आज़ादी को कैसे अपनाया, और आप भी कैसे कर सकते हैं। आज़ादी का मतलब सिर्फ़ पोर्न छोड़ना नहीं है - यह आपकी मानसिकता को बदलने, अपने जीवन पर नियंत्रण रखने और निरंतर विकास की मानसिकता विकसित करने के बारे में है।

1. एक ऐसे व्यक्ति की मानसिकता जो आज़ाद है

जब मैंने पहली बार पोर्न छोड़ा, तो मुझे तुरंत राहत मिली। लेकिन समय के साथ, मुझे एहसास हुआ कि आज़ादी का मतलब सिर्फ़ कुछ बंद करना नहीं है। यह एक नया व्यक्ति बनने के बारे में है।

मैं जो व्यक्ति बना वह मज़बूत, लचीला और अनुशासित था। मैं अपने अतीत या अपनी लत से परिभाषित नहीं था - मैं उन निर्णयों से परिभाषित था जो मैंने बेहतर जीवन जीने के लिए हर दिन लिए।

एक स्वतंत्र व्यक्ति की मानसिकता कैसे विकसित करें?

• अपनी ताकत का जश्न मनाएँ:

हर बार जब आप किसी लालसा का विरोध करते हैं या अपने रास्ते पर बने रहते हैं, तो अपनी ताकत को पहचानें। मैंने खुद को एक मजबूत व्यक्ति के रूप में देखना शुरू कर दिया, जिसने किसी मुश्किल काम पर विजय प्राप्त की है। मुझे इस बात पर गर्व था कि मैंने खुद को नहीं छोड़ा, तब भी जब यह मुश्किल लग रहा था। मानसिकता में इस बदलाव ने मुझे अपनी आज़ादी को और भी पूरी तरह से अपनाने में मदद की।

• अपनी लचीलापन पहचानें:

लत पर काबू पाना आसान नहीं है। ऐसे दिन भी आए जब मैं हार मान लेना चाहता था, लेकिन मैंने हिम्मत नहीं हारी। मैंने खुद को अपनी लचीलापन की याद दिलाई। आप जितना समझते हैं, उससे कहीं ज़्यादा मजबूत हैं। हर बार जब आप किसी चुनौती का सामना करते हैं और उस पर काबू पाते हैं, तो आप लचीलापन विकसित करते हैं। और यही लचीलापन आपको आज़ाद रखेगा।

• अनुशासन ही आज़ादी है:

पॉर्न छोड़ने के ज़रिए मैंने जो अनुशासन सीखा, वह आज मेरे साथ सबसे मूल्यवान औज़ारों में से एक बन गया है। अपनी आज़ादी को बनाए रखने के लिए उसी अनुशासन की ज़रूरत है जिसने मुझे पहली बार छोड़ने में

मदद की थी। स्वस्थ आदतों, आत्म-देखभाल और भावनात्मक विनियमन के प्रति प्रतिबद्ध रहना दूसरी प्रकृति बन गई।

2. दीर्घकालिक प्रगति बनाए रखना: निरंतर विकास की मानसिकता

जिस क्षण आप नशा छोड़ देते हैं, यात्रा रुकती नहीं है। आज़ादी एक बार की घटना नहीं है; यह एक सतत प्रक्रिया है। यदि आप लंबे समय तक प्रगति बनाए रखना चाहते हैं तो विकास की मानसिकता आवश्यक है। नशे पर काबू पाना अंत नहीं है - यह तो बस शुरुआत है।

आज़ाद रहने के लिए, मुझे एहसास हुआ कि मुझे एक व्यक्ति के रूप में विकसित होते रहना होगा। मुझे चुनौतियों को सीखने और आगे बढ़ने के अवसरों के रूप में स्वीकार करना था।

निरंतर विकास की मानसिकता कैसे विकसित करें?

• नई चुनौतियों को स्वीकार करें:

जब मैंने पोर्न देखना छोड़ दिया, तो मैंने अपने लिए नए लक्ष्य तय किए। मैं सिर्फ़ इसे छोड़ने से संतुष्ट नहीं था - मैं अपने जीवन के हर पहलू में बेहतर बनना चाहता था। चाहे वह मेरा करियर हो, मेरे रिश्ते हों या मेरा व्यक्तिगत स्वास्थ्य, मैंने खुद को आगे बढ़ने के लिए प्रेरित किया। हर नई चुनौती मेरी सफलता को और बेहतर बनाने का एक मौका बन गई।

• प्रगति का जश्न मनाएं, पूर्णता का नहीं:

प्रगति का मतलब पूर्णता नहीं है। ऐसे समय थे जब मैंने गलतियाँ कीं या असफलताओं का सामना किया, लेकिन मैंने उन पलों को यात्रा के हिस्से के

रूप में देखना सीखा। हर दिन जब मैं आज़ाद रहा, तो यह एक जीत थी। अपनी प्रगति पर ध्यान केंद्रित करने से मुझे आगे बढ़ने की प्रेरणा मिली।

· निरंतर सुधार के लिए एक योजना बनाएँ:

मुझे एहसास हुआ कि आज़ाद रहने के लिए, मुझे एक ऐसा जीवन बनाने की ज़रूरत है जो मेरी दीर्घकालिक सफलता का समर्थन करे। इसका मतलब था अपने आप को स्वस्थ प्रभावों से घेरना, अपनी भलाई को प्राथमिकता देना और निरंतर आत्म-सुधार के लिए प्रतिबद्ध होना।

3. आत्म-देखभाल और भावनात्मक विनियमन का महत्व

मैंने अपनी यात्रा में जो सबसे महत्वपूर्ण बातें सीखीं, उनमें से एक यह थी कि सच्ची आज़ादी के लिए आत्म-देखभाल की आवश्यकता होती है। मैं अपनी भावनात्मक ज़रूरतों को नज़रअंदाज़ करता था, यह सोचकर कि बस पोर्न देखना छोड़ देने से सब कुछ ठीक हो जाएगा। लेकिन मुझे जल्द ही एहसास हुआ कि अपनी आज़ादी को बनाए रखने के लिए, मुझे शारीरिक और भावनात्मक दोनों तरह से खुद का पोषण करने की ज़रूरत है।

भावनात्मक स्वास्थ्य को बनाए रखने के लिए व्यावहारिक कदम:

· **नियमित व्यायाम:** शारीरिक स्वास्थ्य और मानसिक स्वास्थ्य एक दूसरे से जुड़े हुए हैं। मैंने दबी हुई ऊर्जा को बाहर निकालने और तनाव को कम करने के लिए नियमित रूप से व्यायाम करना शुरू किया। व्यायाम ने न केवल मेरे शारीरिक स्वास्थ्य को बेहतर बनाया, बल्कि मुझे अपनी भावनाओं को नियंत्रित करने और ध्यान केंद्रित करने में भी मदद की।

· **माइंडफुलनेस और मेडिटेशन**: माइंडफुलनेस और मेडिटेशन के ज़रिए अपनी भावनाओं को नियंत्रित करना सीखना ज़रूरी हो गया। इन अभ्यासों ने मुझे तनाव के क्षणों में शांत रहने में मदद की और मुझे अच्छे निर्णय लेने के लिए ज़रूरी मानसिक स्पष्टता दी।

• भावनाओं के लिए स्वस्थ आउटलेट: पोर्न मेरे कई भावनात्मक संघर्षों के लिए एक मुकाबला तंत्र था। एक बार जब मैंने इसे छोड़ दिया, तो मुझे अपनी भावनाओं को प्रबंधित करने के लिए स्वस्थ तरीके खोजने पड़े। मैंने जर्नलिंग, गहरी साँस लेने के व्यायाम शुरू किए, और जब मैं अभिभूत महसूस करता था तो दोस्तों से बात करता था। दीर्घकालिक स्वतंत्रता के लिए स्वस्थ आउटलेट खोजना आवश्यक है।

4. ऐसे पुरुषों की कहानियाँ जिन्होंने अपना जीवन बदल दिया

कई बार मुझे लगा कि मैं ही संघर्ष कर रहा हूँ। लेकिन फिर, मैं ऐसे पुरुषों से मिला जो उसी यात्रा से गुज़रे थे और मज़बूत और ज़्यादा संतुष्ट होकर उभरे। उनकी कहानियों ने मुझे उम्मीद दी और मुझे दिखाया कि जो कोई भी इस प्रक्रिया के लिए प्रतिबद्ध है, उसके लिए बदलाव संभव है।

मैं जिस एक व्यक्ति से मिला, वह लगभग एक दशक से पोर्न से जूझ रहा था। उसने बताया कि उसकी लत ने उसकी शादी, उसके आत्मसम्मान और उसके उद्देश्य की भावना को कैसे प्रभावित किया। लेकिन छोड़ने का फ़ैसला करने के बाद, उसने अपना जीवन बदल दिया। वह अलग-थलग और उदास रहने से एक प्यार करने वाले पति और पिता बन गए और उन्होंने लेखन के अपने जुनून से फिर से जुड़ गए। उनकी कहानी ने मुझे आगे बढ़ने के लिए प्रेरित किया और मुझे पता है कि यह आपको भी प्रेरित कर सकती है।

ऐसे अनगिनत पुरुष हैं जिन्होंने छोड़ने का वही फ़ैसला किया है और अपने जीवन को पूरी तरह से बदल दिया है। चाहे वह अपने रिश्तों को फिर से हासिल

करना हो, अपने करियर को बढ़ावा देना हो या अपने जुनून से फिर से जुड़ना हो, ये कहानियाँ इस बात का सबूत हैं कि पोर्न से मुक्ति संभव है।

5. **रिलैप्स पर काबू पाना और भविष्य की चुनौतियों से निपटना**

मैं जितना भी कहना चाहूँगी कि पोर्न देखना छोड़ना एक बार की घटना थी और मुझे फिर कभी इसकी तलब नहीं लगी, सच तो यह है कि यह यात्रा सीधी नहीं है। ऐसे क्षण थे जब मैं कमज़ोर महसूस करती थी, जब लालसा बढ़ती थी, या जब जीवन भारी लगता था। लेकिन मैंने चुनौतियों से निपटना और सीखे गए सबक पर भरोसा करके रिलैप्स को रोकना सीख लिया था।

दोबारा लत लगने से रोकने और भविष्य की चुनौतियों से निपटने के लिए कदम:

· **ट्रिगर्स के बारे में जागरूक रहें:** मेरे ट्रिगर्स को समझना महत्वपूर्ण था। मैंने सीखा कि कुछ भावनाएँ - तनाव, ऊब या अकेलापन - लालसा को ट्रिगर कर सकती हैं। इन ट्रिगर्स के बारे में जागरूक होने से, मैं उन्हें नियंत्रित करने से रोकने के लिए कार्रवाई कर सकता था।

· **एक आपातकालीन योजना बनाएं:** मैंने उन क्षणों के लिए एक आपातकालीन योजना बनाई जब मुझे दोबारा लत लगने की इच्छा महसूस हुई। इस योजना में खुद को किसी शौक से विचलित करने, किसी ज़िम्मेदार साथी से बात करने या टहलने जाने जैसे कदम शामिल थे। इन क्षणों में क्या करना है यह जानने से मुझे हार मानने से बचने में मदद मिली।

· **अपनी विकास यात्रा जारी रखें:** मैंने जो सबसे महत्वपूर्ण काम किया वह था कभी भी बढ़ना बंद न करना। जब भी मुझे किसी चुनौती का सामना करना पड़ा, तो मैंने खुद को अपनी सारी प्रगति की याद दिलाई। हर बाधा मेरे संकल्प को मजबूत करने का एक अवसर थी।

अंतिम विचार: आज़ादी एक आजीवन यात्रा है

पोर्न की लत से आज़ादी पाना रातों-रात नहीं हुआ। यह एक क्रमिक प्रक्रिया रही है, जो ताकत, लचीलापन और अनुशासन पर आधारित है। लेकिन अब, पीछे मुड़कर देखता हूँ, तो मैं ईमानदारी से कह सकता हूँ कि मैं जो बन गया हूँ, उस पर मुझे गर्व है।

नशे की लत पर काबू पाना सिर्फ़ छोड़ने के बारे में नहीं है; यह आत्म-नियंत्रण की यात्रा जारी रखने के बारे में है। यह आपके विकास के लिए प्रतिबद्ध होने, अपनी भावनात्मक भलाई का ख्याल रखने और खुद को कभी न छोड़ने के बारे में है।

याद रखें: आज़ादी कोई मंजिल नहीं है; यह जीने का एक तरीका है। आप भी उस जीवन को जी सकते हैं। अपने विकास पर ध्यान केंद्रित करें, आत्म-देखभाल का अभ्यास करें, और अपने जीवन को बनाने की अपनी क्षमता पर विश्वास करना कभी न छोड़ें। आपके अंदर इस यात्रा को जारी रखने और उस आज़ादी को अपनाने की ताकत है जो आपका इंतज़ार कर रही है।

कार्रवाई: नए आप को अपनाएं

पोर्न से मुक्ति का मतलब सिर्फ़ किसी ज़हरीली चीज़ को अलविदा कहना नहीं है। इसका मतलब है एक नई ज़िंदगी में कदम रखना, खुद का एक नया रूप- जो ज़्यादा स्वस्थ, ज़्यादा संतुष्ट और दुनिया को संभालने के लिए तैयार हो। लेकिन यह बदलाव अपने आप नहीं होता। आपको इसे दिन-ब-दिन, कदम-दर-कदम करना होता है।

इस रास्ते पर चलने वाले एक व्यक्ति के तौर पर, मैं जानता हूँ कि जब आप छोड़ना चाहते हैं, लेकिन यह नहीं जानते कि कहाँ से शुरू करें, तो कैसा लगता

है। मैं लालसाओं से जूझना, फिर से लत में पड़ने का डर और पोर्न की बैसाखी के बिना जीने के बारे में उलझन को समझता हूँ। लेकिन मैं आपको यह बता दूँ: जिस आज़ादी की आप लालसा करते हैं, उसे हासिल किया जा सकता है और इसकी शुरुआत व्यावहारिक, कार्रवाई योग्य कदमों से होती है, जिन्हें आप आज ही शुरू कर सकते हैं।

इस खंड में, मैं उन कदमों को साझा करूँगा जो मैंने उठाए और आप मेरी आज़ादी को अपनाने के लिए उठा सकते हैं। ये वास्तविक कार्य हैं जिनके लिए प्रयास की आवश्यकता होती है, लेकिन वे वास्तविक परिवर्तन की ओर ले जाएँगे।

1. स्पष्ट निर्णय लें: "मैं पोर्न से तंग आ चुका हूँ"

अपनी आज़ादी को अपनाने का पहला कदम एक स्पष्ट, अटल निर्णय है। एक पल ऐसा भी था जब मुझे खुद को आईने में देखना पड़ा और कहना पड़ा, "बस बहुत हो गया।"

छोड़ने का वह निर्णय, वास्तव में आज़ादी के लिए प्रतिबद्ध होना, हर चीज़ की शुरुआत थी। यह सिर्फ़ उस पल में छोड़ने के बारे में नहीं था - यह मेरे भविष्य की पूरी ज़िम्मेदारी लेने का निर्णय लेने के बारे में था।

तो, अभी अपने आप से पूछें: "क्या मैं वाकई पोर्न को अलविदा कहने के लिए तैयार हूँ? क्या मैं इस यात्रा के लिए प्रतिबद्ध होने के लिए तैयार हूँ, चाहे यह कितनी भी मुश्किल क्यों न हो?" यह प्रतिबद्धता स्पष्ट और दृढ़ होनी चाहिए।

कार्यवाही कदम: अपनी प्रतिबद्धता लिखें। इसे हर दिन देखें। इसे अपना मंत्र बना लें: मैं *पोर्न से मुक्त हूँ! मैं एक स्वस्थ, बेहतर जीवन चुनता हूँ!*

2. ट्रिगर्स और प्रलोभनों को दूर करें

मेरे लिए, यह सबसे महत्वपूर्ण कदमों में से एक था। अगर मैं प्रलोभनों से घिरा हुआ था - पोर्न तक आसान पहुंच, पुरानी आदतें और अनुस्मारक - तो स्वच्छ रहना लगभग असंभव था। यह धारा के विपरीत तैरने की कोशिश करने जैसा था।

व्यावहारिक कार्य:

· सभी ऐप और सभी गेम्स हटाए गए आइटम जो पोर्न तक पहुंच को आसान बनाते हैं। यह स्पष्ट लग सकता है, लेकिन यह महत्वपूर्ण है। उन उपकरणों को हटा दें जो आपको पुराने दृष्टिकोण को वापस लेने की अनुमति देते हैं।

· अपने ऑटोमोबाइल पर फैक्ट्री और ब्लॉक स्थापित करें। यह स्वयं पर संदेह करने के बारे में नहीं है; यह आपके सिद्धांतों को पहले से मौजूद निषेध के लिए एक खंडित बनाने के बारे में है।

· अपने वातावरण को पुनर्व्यवस्थित करें: यदि आपके घर के कुछ क्षेत्र या कुछ स्टेडियम में आपको परेशानी होती है (उदाहरण के लिए, देर रात अपने कमरे में अकेले रहना), तो आपकी अपरिपक्व सीमा। नई जगह पर, सार्वजनिक क्षेत्र में अधिक समय की स्तिथि, और ऐसी शारीरिक सीमाएँ बनाएँ जो आपके लिए फिर से लेट में डॉकडाउन से बनी हों

3. पुरानी आदतों को बदलने के लिए नई आदतें अपनाएँ

पोर्न एक लत है, और लत आदतों पर पनपती है। इससे पूरी तरह से मुक्त होने के लिए, आपको पुरानी, हानिकारक आदतों को नई, स्वस्थ आदतों से बदलना होगा। यह मेरे लिए बहुत बड़ा बदलाव था।

जब मैंने इसे छोड़ा, तो मुझे अपने दिमाग को पोर्न के अलावा किसी और चीज़ की लालसा करने के लिए फिर से प्रशिक्षित करना पड़ा।

कार्रवाई कदम:

· **नियमित रूप से व्यायाम करें:** मैंने पाया कि शारीरिक गतिविधि ने मुझे पोर्न देखने में बर्बाद होने वाली ऊर्जा को किसी सकारात्मक चीज़ में लगाने में मदद की। इसने मेरे मूड को बेहतर बनाया, तनाव को कम किया और मुझे शारीरिक और भावनात्मक शक्ति दी जिसकी मुझे लड़ाई जारी रखने के लिए ज़रूरत थी।

· **सुबह की दिनचर्या विकसित करें:** एक ठोस सुबह की दिनचर्या रखना मेरे लिए एक महत्वपूर्ण आदत थी। इसमें ध्यान, जर्नलिंग, प्रार्थना या यहाँ तक कि स्वस्थ नाश्ता बनाने जैसी कोई सरल चीज़ भी शामिल हो सकती है। जितना अधिक मैंने अपने दिन की सही शुरुआत करने पर ध्यान केंद्रित किया, उतनी ही कम संभावना थी कि मैं पुरानी आदतों में फँस जाऊँ।

· **नए शौक के साथ दिमाग़ी समय की जगह लें:** यदि आपने अपने खाली समय में पोर्न देखने में सालों बिताए हैं, तो आपको उस खालीपन को भरने के लिए नए तरीके खोजने होंगे। मैंने पढ़ना शुरू किया, एक संगीत वाद्ययंत्र उठाना शुरू किया और उन शौक को अपनाना शुरू किया जिन्हें मैंने अतीत में नज़रअंदाज़ किया था। ये चीज़ें मेरी नई पहचान का हिस्सा बन गईं और मुझे भविष्य को अपनाने में मदद की।

4. भावनात्मक विनियमन: अपनी भावनाओं को प्रबंधित करना सीखना

छोड़ने में मेरे सामने सबसे बड़ी चुनौतियों में से एक यह सीखना था कि उन भावनाओं से कैसे निपटना है जो मुझे पहली बार पोर्न देखने के लिए प्रेरित करती हैं। मेरे लिए, यह अक्सर तनाव, अकेलापन या बोरियत होता था। मुझे अपने पुराने मुकाबला तंत्र की ओर मुड़े बिना इन भावनाओं को संभालना सीखना था।

एक्शन स्टेप:

· **माइंडफुलनेस का अभ्यास करें:** माइंडफुलनेस मेरी उपचार प्रक्रिया में एक शक्तिशाली उपकरण था। हर दिन बस बैठने, सांस लेने और वर्तमान पर ध्यान केंद्रित करने के लिए कुछ मिनट निकालने से मुझे उन भावनात्मक ट्रिगर्स से अलग होने में मदद मिली जो मुझे पोर्न की ओर ले जाते थे। यदि आप अभी शुरुआत कर रहे हैं तो माइंडफुलनेस ऐप या यहां तक कि मुफ़्त YouTube वीडियो भी आपका मार्गदर्शन कर सकते हैं।

· **अपनी भावनाओं को जर्नल करें:** जर्नलिंग पुराने व्यवहारों का सहारा लिए बिना अपनी भावनाओं को बाहर निकालने का एक तरीका बन गया। इसने मुझे अपनी भावनाओं को निष्पक्ष रूप से देखने और उन्हें स्वस्थ तरीके से संसाधित करने की अनुमति दी।

· **थेरेपी या परामर्श लें:** यदि आप गहरे भावनात्मक घावों से जूझ रहे हैं, तो किसी पेशेवर से बात करने पर विचार करें। थेरेपी ने मुझे उन भावनात्मक ट्रिगर्स और पैटर्न को उजागर करने में मदद की, जिनके बारे में मुझे पता भी नहीं था।

5. एक सहायता प्रणाली बनाएँ

यह यात्रा अकेले ही नहीं करनी पड़ती। मेरी सफलता का सबसे बड़ा कारण दूसरों पर निर्भर रहना सीखना था। सहायता प्रणाली होने से आपको बात करने के लिए कोई मिलता है, कोई आपको जवाबदेह ठहराता है और कोई आपको याद दिलाता है कि आप अकेले नहीं हैं।

एक्शन स्टेप:

• **जवाबदेही वाला साथी खोजें:** यह कोई दोस्त, मेंटर या फिर थेरेपिस्ट भी हो सकता है। मेरा एक करीबी दोस्त था जो मेरे संघर्ष के बारे में जानता था और हम एक-दूसरे को जवाबदेह मानते थे। जब मैं कमज़ोर महसूस कर रहा था, तो किसी को कॉल करने में सक्षम होने से मुझे ट्रैक पर बने रहने में मदद मिली।

• **सहायता समूह में शामिल हों:** अगर आप समूह सेटिंग में ज़्यादा सहज हैं, तो सहायता समूह में शामिल होने पर विचार करें। पोर्न छोड़ने वालों की सहायता के लिए ऑनलाइन फ़ोरम, इन-पर्सन ग्रुप या यहाँ तक कि ऐप भी डिज़ाइन किए गए हैं।

• **अपने साथी से बात करें:** अगर आप किसी रिश्ते में हैं, तो अपने संघर्षों के बारे में ईमानदार होना और अपने साथी को अपनी रिकवरी में शामिल करना आपके रिश्ते को मज़बूत कर सकता है। यह पहली बार में मुश्किल लग सकता है, लेकिन मैं आपको आश्वस्त कर सकता हूँ कि खुलापन विश्वास और समझ पैदा करता है।

6. अपने व्यक्तिगत विकास और आत्म-सुधार पर ध्यान केंद्रित करें

मैंने जल्दी ही सीख लिया कि पोर्न देखना छोड़ना अंत नहीं है - यह एक नए अध्याय की शुरुआत है। यह अध्याय विकास के बारे में था। खुद को बेहतर बनाने के लिए मैंने जो भी कदम उठाए, उससे लत से मुक्त रहना आसान हो गया।

एक्शन स्टेप:

• **व्यक्तिगत लक्ष्य निर्धारित करें:** इसमें बेहतर आकार में आना, अपने करियर में आगे बढ़ना, कोई नया कौशल सीखना या अपने रिश्तों को बेहतर बनाना शामिल हो सकता है। अपने लक्ष्यों को सबसे आगे रखें - वे आपको कुछ पाने के लिए प्रयास करने का मौका देते हैं और आपका ध्यान अतीत पर नहीं, बल्कि भविष्य पर केंद्रित रहता है।

• **अनुशासन अपनाएँ:** अपने जीवन के अन्य क्षेत्रों में अनुशासन बनाने से आपके ठीक होने के दौरान अनुशासित रहना आसान हो जाता है। मैं अपनी फिटनेस, करियर और दैनिक दिनचर्या में जितना अधिक अनुशासित होता गया, पोर्न के आकर्षण का विरोध करना उतना ही आसान होता गया।

7. खुद के प्रति धैर्यवान और दयालु बनें

आइए स्पष्ट करें: पोर्न से मुक्ति की यात्रा परिपूर्ण नहीं होगी। इसमें रुकावटें आएंगी। ऐसे दिन आएंगे जब आप कमज़ोर या हतोत्साहित महसूस करेंगे। लेकिन याद रखें: आप इंसान हैं, और रिकवरी एक प्रक्रिया है, मंज़िल नहीं।

मैंने किसी भी गलती के लिए खुद को माफ़ करना सीखा, लेकिन मैंने हर बार फिर से प्रतिबद्धता जताई। यह निरंतरता थी, पूर्णता नहीं, जिसने मुझे स्थायी स्वतंत्रता दिलाई।

एक्शन स्टेप:

• **आत्म-करुणा का अभ्यास करें:** जब मैं गलतियाँ करता था, तो मैं खुद पर कठोर हो जाता था। लेकिन मुझे जल्दी ही पता चल गया कि आत्म-दया से चीजें और भी खराब हो जाती हैं। इसके बजाय, मैंने आत्म-करुणा का अभ्यास किया। मैं खुद को याद दिलाता था कि मैं अपना सर्वश्रेष्ठ कर रहा था, और हर दिन जब मैं वापस उठने का फैसला करता था, तो यह एक जीत होती थी।

निष्कर्ष: आपकी आज़ादी अभी शुरू होती है

नशे की लत से आज़ादी तक का सफ़र लंबा और कठिन है, लेकिन यह संभव भी है। यह एक बार छोड़ने के बारे में नहीं है - यह जीवन भर आज़ादी के लिए प्रतिबद्ध होने के बारे में है। हर दिन, हर निर्णय के साथ, आप एक ऐसा जीवन बना रहे हैं जो पोर्न की जंजीरों से मुक्त है।

ये कदम उठाएँ, प्रक्रिया पर भरोसा करें और आगे बढ़ते रहें। आप जो आज़ादी चाहते हैं, वह आपके सोचने से कहीं ज़्यादा करीब है। खुद पर विश्वास करें और आगे आने वाले जीवन की अविश्वसनीय संभावनाओं को अपनाएँ।

आप यह कर सकते हैं।

निष्कर्ष – एक नई शुरुआत

जब मैं पोर्न और हस्तमैथुन छोड़ने की अपनी यात्रा पर पीछे मुड़कर देखता हूँ, तो मैं कृतज्ञता की भावना से अभिभूत हो जाता हूँ। यह रास्ता आसान नहीं था, और कई बार, यह असंभव लगता था। ऐसे क्षण भी थे जब मुझे विश्वास नहीं होता था कि मैं उन जंजीरों से मुक्त हो सकता हूँ जो मुझे इतने लंबे समय से जकड़े हुए थे। लेकिन हर संघर्ष, हर असफलता और हर जीत के माध्यम से, मैंने कुछ मूल्यवान सीखा।

पहला कदम उस अंधेरे को स्वीकार करना था जिसमें मैं जी रहा था - अकेलापन, शर्म, टूटन। मुझे इस सच्चाई का सामना करना पड़ा कि पोर्न मेरे जीवन, मेरे रिश्तों और मेरे आत्म-सम्मान को कैसे प्रभावित कर रहा था। एक बार जब मैंने उस सच्चाई को पहचान लिया, तो मैं इससे होने वाले दर्द और नुकसान को अनदेखा नहीं कर सकता था। मुझे एक विकल्प चुनना था: उसी रास्ते पर चलते रहना या नियंत्रण रखना और अपने जीवन को पुनः प्राप्त करना।

यह एक त्वरित परिवर्तन नहीं था, लेकिन समय के साथ, मैंने बदलाव देखना शुरू कर दिया। मैंने अपनी इच्छाओं को प्रबंधित करना, अस्वस्थ आदतों को स्वस्थ आदतों से बदलना और एक सहायता प्रणाली का निर्माण करना सीखा जो मुझे जवाबदेह बनाए रखे। मैंने आत्म-देखभाल, भावनात्मक विनियमन और नए लक्ष्य निर्धारित करने के महत्व को सीखा। और सबसे महत्वपूर्ण बात, मुझे एहसास हुआ कि मेरी आज़ादी सिर्फ़ पोर्न देखना छोड़ने के बारे में नहीं थी - यह उस जीवन को अपनाने के बारे में थी जिसे मैं जीने के लिए बनी थी। अब, मैं इस बात का जीता जागता सबूत हूँ कि लत की गिरफ़्त से मुक्त होना संभव है। मेरे रिश्ते मज़बूत हैं, मेरा आत्म-सम्मान बहाल हुआ है, और मेरे पास उद्देश्य की एक भावना है जिसके बारे में मैंने कभी नहीं सोचा था कि मैं फिर से पाऊँगी। मैं अब उस शर्म और अपराधबोध से नियंत्रित नहीं हूँ जो कभी मुझे परिभाषित करता था। मैंने खुद से प्यार करना, अपनी सीमाओं का सम्मान

करना और उस भविष्य का पीछा करना सीखा है जिसका मैंने हमेशा सपना देखा है।

अगर आप यह पढ़ रहे हैं और आपको लगता है कि आप उसी चक्र में फंसे हुए हैं, तो मैं आपको बताना चाहता हूँ कि आप इससे बाहर निकल सकते हैं। यह आसान नहीं होगा, और यह रातों-रात नहीं होगा, लेकिन हर छोटे कदम के साथ, आप उस जीवन के करीब पहुँच रहे हैं जिसके आप हकदार हैं। अंधकार आपको परिभाषित नहीं करता है। आप और अधिक करने में सक्षम हैं, और आपके पास अपने जीवन को पुनः प्राप्त करने की शक्ति है।

आपकी यात्रा चुनौतियों के बिना नहीं होगी, लेकिन यह जान लें: आप अकेले नहीं हैं। ऐसे लोगों का एक समुदाय है जो आपकी स्थिति से गुजर चुके हैं और जो हर कदम पर आपके साथ चलने के लिए तैयार हैं। आप उस जीवन के हकदार हैं जो लत से परे है। और मुझे विश्वास है, जैसा कि मैंने किया, कि आप इससे उबर सकते हैं।

यह किसी खूबसूरत चीज़ की शुरुआत है। एक नया अध्याय। एक नया जीवन। आपके पास इसे पूरा करने की शक्ति है। यह अभी शुरू होता है।

www.ingramcontent.com/pod-product-compliance
Lightning Source LLC
Chambersburg PA
CBHW020423130626
46549CB00006B/2710
* 9 7 8 1 9 9 1 3 6 3 1 9 0 *